W0013140

In der gleichen Reihe erschienen:

Power-Atem
ISBN 3-8029-4546-8

Superfit durch Wellness-Urlaub
ISBN 3-8029-4546-8

Achtung! Haltungskiller
ISBN 3-8029-4544-1

Intelligentes Streßmanagement
ISBN 3-8029-4518-2

Power im Beruf
ISBN 3-8029-4515-8

Selbst- und Zeitmanagement
ISBN 3-8029-4532-8

Der ganzheitliche Mensch
ISBN 3-8029-4504-2

Zur Autorin:

Barbara Spachtholz ist eine bekannte Atem- und Entspannungstherapeutin; Erfolgsautorin von Büchern, Tonkassetten und Videos. Sie lebt und arbeitet in Bad Griesbach.

Wir freuen uns über Ihr Interesse an diesem Buch. Gerne stellen wir Ihnen kostenlos zusätzliche Informationen zu diesem Programmsegment zur Verfügung. Bitte sprechen Sie uns an:

E-Mail: walhalla@walhalla.de
http://www.walhalla.de

Barbara Spachtholz

Relax
Die neue Entspannungskultur

Mehr Power durch gezielte Kurzprogramme

FIT FOR BUSINESS

Die Deutsche Bibliothek - CIP-Einheitsaufnahme

Spachtholz, Barbara:
Relax – die neue Entspannungskultur : mehr Power durch gezielte Kurzprogramme /
Barbara Spachtholz. – Regensburg ; Düsseldorf :
Fit for Business, 1999
 (Fit for business ; 543)
 ISBN 3-8029-4543-3

Zitiervorschlag:
Barbara Spachtholz, Relax – Die neue Entspannungskultur
Regensburg, Düsseldorf 1999

Fotografie: Fotostudio Kierst, Pocking

 Produktion: Walhalla Fachverlag, **93042** Regensburg
 Umschlaggestaltung: Gruber & König, Augsburg
 Druck und Bindung: Westermann Druck Zwickau GmbH
 Printed in Germany
 ISBN 3-8029-4543-3

Nutzen Sie das Inhaltsmenü:
Die Schnellübersicht führt Sie zu Ihrem Thema.
Die Kapitelüberschriften führen Sie zur Lösung.

Schnellübersicht

Schnellübersicht

Entwickeln Sie Ihre Entspannungskultur

Für die meisten von uns hat der Tag einfach nicht mehr genügend Stunden. „Und da soll ich noch entspannen?" Diese Aussage höre ich vor allem von denjenigen, die mir gleich am Anfang eines Streßmanagement-Seminars sagen, daß diese Spannung nun mal zu ihrem Alltag gehöre und folglich auch nicht zu lösen sei, „weil einfach zum Entspannen die Zeit fehlt". Hauptursache für dieses weit verbreitete Phänomen ist eine falsche Vorstellung von Erholung. Allein durch passives Entspannen und durch kleine Pausen, in denen man nichts tut – wie das viele glauben –, kann sich die gewünschte Entspannung und Erholung gar nicht einstellen.

Diese gängige Auffassung wird durch arbeits- und sportwissenschaftliche Befunde in Frage gestellt. Sie zeigen, daß wir nicht darauf warten dürfen, bis sich unser Körper von allein wieder erholt hat, sondern daß wir Beginn und Verlauf unseres Erholungsprozesses beeinflussen können. Voraussetzungen dafür sind das Wissen,

- warum wir uns erholen wollen und wozu,

- daß von Aktivität auf Passivität nur unter Berücksichtigung der biopsychischen Zusammenhänge sinnvoll umgestaltet werden kann.

Bis jetzt zeigt sich, daß es nur eine Minderheit versteht, den alltäglichen Streß in Beruf, Familie und Freizeit erfolgreich zu bewältigen. Streßmediziner erkennen zunehmend, daß umfassendes Streßmanagement vom persönlichen Lebensstil jedes einzelnen abhängt und fordern deshalb eine alle Lebensbereiche umfassende Entspannungskultur.

Es kommt darauf an, zwischen Anspannung und Erholung das streßlösende gesunde Maß zu finden, also eine ausgewogene Mischung von Aktivität und Entspannung, die die gesunde Kommunikation in unserem innerbetrieblichen System in Gang hält.

Die Fähigkeit, seinen eigenen „Energiehaushalt" auszugleichen, Muße und Gelassenheit immer wieder zu Kräften kommen zu lassen, ist eine Kunst, die der westliche Mensch erst wieder lernen muß. Entspannung ist nicht einfach zu konsumieren, sondern sie muß von jedem einzelnen verspürt und erfahren werden.

Natürlich läßt sich mit Hilfe von kurzfristigen Ablenkungsstrategien der Streßpegel absenken. Mit echter regenerierender Erholung hat das jedoch nichts zu tun. Ganz im Gegenteil, der Griff nach unseren Stimmungsaufhellern wirkt nur scheinbar gegen Streß, tatsächlich belasten diese Substanzen den Organismus zusätzlich. Im wesentlichen kommt es darauf an, Entspannung nicht nur als Selbstzweck oder isolierte Anti-Streß-Maßnahme zu begreifen, sondern als Teil einer gesunden Lebenspraxis.

Da nicht alles für jeden richtig sein kann, habe ich aus dem Angebot der zur Zeit bekanntesten Entspannungsmethoden Kurzentspannungsprogramme entwickelt, die Ihnen helfen werden, sich schnell zu entspannen, neue Energien zu tanken und Ihnen rasche Erholung bringen werden. Dazu sollen in diesem Buch die angebotenen Methoden ausführlich in Praxis und Zielsetzung erklärt werden, damit Sie eine für sich richtige Entscheidung – für die eine oder andere Methode – treffen können.

Gerade in den letzten Jahren hat das Interesse an Methoden der Körpererfahrung, die vornehmlich aus dem fernöstlichen Lebens- und Kulturraum, z. B. China, Indien, Tibet, Japan, stammen, zugenommen. Immer häufiger begegnen wir fremd klingenden Namen wie Tai Chi, Qi Gong, Jin Shin Jitsu, Shiatsu, Kum Nye oder Doin. Sie machen deutlich, daß es sich um eine Körpererfahrungskultur handelt, die eine andersartige Struktur als die uns schon bekannten Methoden aufweist. Doch haben alle in diesem Buch vorgestellten Methoden etwas gemeinsam: sie wollen das körperliche wie auch das seelische Wohlbefinden gleichermaßen fördern.

Barbara Spachtholz

Ihr persönlicher Lebensstil

1

Ungesunde Lebensführung

Lebenssituationen

Er – verheiratet, zwei gesunde Kinder, Studienrat an einem Gymnasium, mit besten Aufstiegsaussichten – engagiert sich in seiner Freizeit in der Jugendarbeit. Er wundert sich über sich selbst. Seit einiger Zeit macht ihm das morgendliche Aufstehen Probleme. Am liebsten möchte er liegen bleiben und die Decke wieder über den Kopf ziehen, möchte eigentlich nur noch Ruhe haben. Er fühlt sich lustlos und unzufrieden und in Gesellschaft von anderen immer unwohler. Er beginnt, sich abzusondern, und fragt nach Sinn und Freude des Lebens. Sein Leben scheint nur noch daraus zu bestehen zu „funktionieren".

Sie – Hausfrau und Mutter, bislang froh, dies auch sein zu können – reagiert seit einiger Zeit immer aggressiver auf die täglichen Anforderungen. Schon bei geringfügigen Anlässen explodiert sie und schreit die Kinder an. Auf die Fragen ihres Mannes, was mit ihr los sei, reagiert sie mit Weinen. Sie kann sich nicht erklären, was mit ihr los ist. Sie hat das Gefühl im ganzen Körper verspannt und verkrampft zu sein, besonders der Schulter-Nackenbereich bereitet ihr Schmerzen.

Oder er, ein erfolgreicher Manager: Seit geraumer Zeit läßt seine Konzentration nach und die betrieblichen Schwierigkeiten bereiten ihm immer mehr Probleme. Lösungen scheinen nicht vorhanden zu sein. Nur mit größter Anstrengung vermag er, seine Termine zu halten und die Arbeit zu bewältigen. Die Pumpe beginnt auch, Schwierigkeiten zu machen, und meldet sich immer öfter.

Oder sie, nicht verheiratet, arbeitet als Verwaltungsangestellte im mittleren Dienst mit geregelter Arbeitszeit und gutem Einkommen. Sie verbringt ihre Freizeit bei ihrer Mutter, die zwar in eigener Wohnung lebt, doch bereits ein Pflegefall geworden ist. In letzter Zeit fällt ihr auf, daß ihr die Kraft fehlt, die tägliche Pflege neben ihrer Arbeit zu übernehmen. Sie fühlt sich ausgelaugt und leer, und selbst die kleinsten Handreichungen machen sie schnell müde. Auch am Arbeitsplatz beginnen ihre Kräfte nachzulassen. Fehler unterlaufen ihr immer öfter. Ein klärendes Gespräch mit dem Vorgesetzten bringt keine Lösung. Sie kann die Mutter nicht ins Pflegeheim geben. Ihr Gewissen läßt dies nicht zu. Kraftlos schleppt sie sich weiter durch ihre Tage. Ein dumpfes Druckgefühl in der Brust nimmt ihr immer öfter die Luft zum Atmen.

Ein gemeinsamer Nenner

Unterschiedliche Menschen, unterschiedliche Situationen, doch haben alle etwas gemeinsam. Ein Gefühl, den Anforderungen des täglichen Lebens nicht mehr gewachsen zu sein, chronische Verspannungen, Energieverlust, fehlende Motivation, geringerer Antriebswille, Müdigkeit.

Die Liste der Betroffenen wird täglich länger, sie betrifft alle Berufsgruppen und alle Altersschichten. Die Angst, eines Tages die Anforderungen nicht mehr bewältigen zu können, breitet sich aus.

Tag für Tag Höchstleistungen

Wie lange können Körper und Geist das Geforderte (noch) leisten? Sind Arbeitsüberlastung, falsche Ernährungsgewohnheiten, Bewegungsmangel, fehlende Entspannung allein daran schuld? Sicherlich nicht, aber in der Hauptsache. Die Welt ist voll von fleißigen, ehrgeizigen Menschen, die mit viel Motivation ihre außergewöhnlichen Fähigkeiten einsetzen möchten.

Viele bleiben auf der Strecke

Sie beginnen zu resignieren trotz ihrer guten Vorsätze und Pläne. Dies hat fast immer nur einen Grund: Der Körper macht nicht mit.

Viele Alarmsignale werden in Zeiten hoher Anforderung übersehen. Man nimmt sie nicht wahr. Körperliche Verspannungen, seelische Tiefs, vegetative Störungen, wie Kopfschmerzen, Ohrengeräusche, Magen- und Darmbeschwerden, Druckgefühl um das Herz herum, Kreislaufstörungen, Streß scheinen heute zum Image zu gehören.

Achtung: Gerade beruflich Ehrgeizige betreiben oft wahren Raubbau mit ihrem Körper. Leistungsdruck, Terminhetze, auch Bequemlichkeit heben die Warnsignale des Körpers auf. Doch körperliche und seelische Leistungsfähigkeit sind nur dann gewährleistet, wenn sich der Mensch rundherum wohl fühlt. Ebenso ist ein harmonisches Zusammenleben und Zusammenarbeiten auch nur dann möglich, wenn Körper und Geist gesund funktionieren.

Verantwortung hat jeder einzelne

Für die eigene Gesundheit hat jeder selbst zu sorgen. Der Arzt steht beratend und im Krankheitsfall helfend zur Seite. Gesund leben heißt, Verantwortung zu übernehmen für das Wohl der Einheit von Körper, Seele und Geist, gesundes Genießen eingeschlossen.

Viele Menschen haben in jungen Jahren nicht gelernt, wie und was man zur Gesundheit beitragen kann oder sollte: Die wichtigste Aufgabe liegt bei jedem selbst, Sie müssen erspüren und wahrnehmen, was Ihnen gut tut und was nicht.

Planen Sie Ihren Lebensstil bewußt

Sie selbst bestimmen den Weg, von Ihrem individuellen Lebensstil hängen Ihre Gesundheit und Ihr Wohlbefinden ab. Körperliche Disharmonien sind Folgen von hausgemachtem Streß, und wenn wir nicht lernen diesen zu bewältigen, werden wir zum Sklaven.

Für viele ist es leider immer noch eine Zeitverschwendung, sich bewußt entspannen zu lernen und auf Körperempfindungen und Gefühle zu achten. Die zunehmende Entfremdung von Innen- und Außenwelt wird oftmals als unabwendbar abgetan oder sogar als Zeitgeist akzeptiert.

Fragen Sie erfolgreiche Menschen nach ihrem köperlichen und geistigen Befinden, werden die meisten mit strahlendem Lächeln „gut" antworten, während der Körper etwas ganz anderes signalisiert. Andere reagieren gereizt auf diese Frage, werden aggressiv oder zynisch. Sie sehen sich mit einer Frage konfrontiert, die sie sich selbst gar nicht stellen würden. Ihnen fehlt das Wissen über die Zusammenhänge zwischen einem gesunden Inneren und gesundem Äußeren.

Praxis-Tip:

Nur wenige haben bisher erkannt, daß Fähigkeiten und Begabungen nur dann erfolgreich in Arbeit, Freizeit und in Privatleben eingebracht werden können, wenn man sich richtig rundum wohl fühlt.

Gesundheitsbewußtsein am Arbeitsplatz

In einigen Unternehmen beginnt man bereits umzudenken: Die Veränderungen in der Berufswelt verlangen beispielsweise mehr Spezialisten. Fallen diese Fachkräfte immer wieder aus – wegen vegetativer oder psychosomatischer Störungen oder regenerierender Maßnahmen, aufgrund falscher Streßbewältigung oder falschen Lebensstils –, dann verursacht das enorm hohe Kosten. Für viele Arbeitgeber und auch Arbeitnehmer wird das teuer. Diese Realität zu übersehen, sollten sich beide, Arbeitgeber und Arbeitnehmer, nicht mehr leisten. Es geht den Verantwortlichen nicht mehr allein um Betriebsförderungsmaßnahmen, sondern auch um individuelle Beratung zur Gesundheitsförderung durch aktive Streßbewältigung und Entspannungsmaßnahmen.

Ein Wertewandel beginnt. Entsprechende Seminare sind nicht den Chefetagen vorbehalten, auch die übrigen Betriebsangehörigen haben zunehmend die Möglichkeit, ihre Gesundheit durch entsprechende Veranstaltungen zu fördern.

Gesunde Mitarbeiter – ein gesundes Firmenkapital

Schon in naher Zukunft wird die Basis des menschlichen Leistungspotentials, die Gesundheit, ein wesentlicher Teil umfassender Personalentwicklungsprogramme sein. Krankenkassen haben bereits umgedacht. Sie setzen im Bereich der Prävention an und ermöglichen ihren Mitgliedern vielerorts, an gesundheitsfördernden Kursen unentgeltlich teilzunehmen.

Da das Unbehagen gegenüber der Apparatemedizin und der Reparaturmedizin, der Symptombehandlung wächst, zeigen heute weit mehr Menschen Interesse an gesundheitsfördernden Maßnahmen als früher. Das Bewußtsein für eine rechtzeitige Gesundheitsvorsorge wächst.

Wer mehr Leistung zeigen will, muß mehr auf sich achten

Beim Auto ist dieses Prinzip längst eine Selbstverständlichkeit. Ein regelmäßiger Service gehört einfach dazu. Was für das Auto gilt, sollte erst recht für den Menschen gelten. Der hart Arbeitende braucht Pflege, dies gilt für den Spitzenmanager genauso wie für den Akkordarbeiter. Ruhe- und Regenerationspausen machen wieder fit, und diese müssen in kleinen Schritten neu erlernt werden.

Das harmonische Gleichgewicht von Körper und Psyche

Heute werden bereits dem Kindergartenkind Entspannungsmethoden nahegebracht. Nicht allein aus dem Grund, daß die heutigen Kinder, die mit Umweltreizen geradezu überflutet werden, streßresistenter werden, sondern auch, um sie für spätere Krisen belastbarer werden zu lassen. Auch um ihnen das Ziel des harmonischen Gleichgewichts von Körper und Psyche schon frühzeitig bewußt zu machen.

Wer weiß, welche seelischen und körperlichen Faktoren das Wohlbefinden beeinflussen, kann rechtzeitig positive Akzente in Richtung Gesundheit setzen. Nur wer darüber aufgeklärt ist, daß z. B. Familien- oder Beziehungsprobleme, Querelen am Arbeitsplatz, hoher Leistungsdruck zu krankmachendem Dauerstreß führen, oder falsche Ernährungsgewohnheiten, Medikamentenmißbrauch, mangelnde Bewegung, die körperliche und geistige Leistungskraft verringern, wird bereit sein, etwas für sich zu tun, um dem Ziel Gesundheit auf allen Lebensebenen näher zu kommen.

Fehlt der Wille zum Tun?

In den letzten Jahren sind Aufklärungskampagnen in vielen Ländern angelaufen. Sie haben die Risikofaktoren, die das körperliche und psychische Wohlbefinden gefährden, deutlich aufgezeigt. Lediglich bei der Streßreduktion und im Bereich der entspannenden Bewegung gibt es noch große Unterschiede zwischen dem Tun-wollen und dem tatsächlichen Tun. Das notwendige Verständnis ist da, doch die Betroffenen handeln nicht oder geben zu schnell wieder auf. Vielleicht liegt es daran, daß es noch zu wenig Information über die körperlich-seelischen Zusammenhänge gibt, oder daran, daß klare und sachliche Anleitungen fehlen, um gezielt handeln zu können.

Finden Sie Ihre persönliche Entspannungsmethode

In diesem Buch habe ich aus verschiedenen Methoden Kurzentspannungsprogramme zusammengestellt, so daß jeder, der bereit und motiviert ist, sein individuelles Programm herausfinden kann.

Ein generelles Entspannungsprogramm, das für jeden gleichermaßen geeignet ist, gibt es nicht. Bei manchen Methoden wird der Abbau körperlicher Spannungen besonders betont, bei anderen das Finden innerer Ruhe oder die Förderung der Selbstheilungskräfte, einige betonen den freien Fluß der Lebensenergie, wieder andere fördern das konstruktivere Umgehen mit dem alltäglichen Streß.

Ganz allgemein verhilft Körperarbeit zu mehr Selbsterfahrung und Selbsterkenntnis, die das individuelle Wachstum und die Persönlichkeitsentwicklung fördern und eine gesunde Entspannung auf allen Lebensebenen bewirken. Jede Methode betont bestimmte Ziele und hat eigene Schwerpunkte und Übungswege.

Wichtig: Für Interessenten ist es oftmals schwierig, sich auf dem Markt der vielzähligen Angebote zu orientieren. Aus den Kursankündigungen in den Programmen der Weiterbildungseinrichtungen, Krankenkassen oder privaten Anbieter geht häufig nicht ausreichend hervor, worum es in den einzelnen Angeboten geht, die einladenden Texte versprechen oft schnellste Veränderungen für Körper und Geist im Hinblick auf mehr Lebensglück oder sogar Bewußtseinserweiterung.

Die hier präsentierten Methoden und Entspannungsprogramme dienen der Orientierung, zumal sie im Rahmen von Gesundheitsbildung immer häufiger angeboten werden.

Das Besondere an Körpererfahrungs-methoden

Ausgangspunkt aller Methoden ist die Auffassung, daß sich unsere Person als ganzes und alle damit verbundenen Lebenserfahrungen in unserem Körper ausdrückt. Was wir sind und wie wir uns als Individuen entwickeln, bestimmen im wesentlichen alle unsere Einstellungen, Werte, Überzeugungen oder Glaubensrichtungen. Sie haben direkte oder indirekte Auswirkung auf den Körper und bestimmen seinen Ausdruck.

Körpererfahrungsmethoden lassen die enge Verbindung zwischen der aktuellen geistig-seelischen Befindlichkeit und der Körperstruktur wahrnehmbar werden. Da Körperhaltung sowie Atmung und Bewegung die emotionalen Blockaden aus Erfahrungen und Gefühlen deutlich sichtbar werden lassen, können sie – nachdem sie wahrgenommen sind – auch korrigiert werden. Wenn dieses enge Zusammenspiel zwischen geistig-seelischen und körperlichen Prozessen besteht, muß Körperarbeit auch immer Auswirkungen auf die Psyche und den Intellekt haben.

Die in diesem Buch vorgestellten Methoden fördern einerseits die sehr feine und intensive Körperwahrnehmung und das sensiblere Körpererleben, andererseits aktivieren sie das Körperbewußtsein, gleichen die Spannungsverhältnisse aus und steigern somit das Wohlbefinden. Durch sanft dehnende Bewegungen, entspannende Atemübungen, aufbauende Worte, leichte Berührungen möchten diese Methoden dazu einladen, mit sich selbst zu experimentieren, sich selbst einmal anders zu empfinden, und motivieren zu einer Neuorientierung.

Nicht nur der Körper lernt, sich besser zu entspannen, wird geschmeidiger und bewegt sich mit mehr Leichtigkeit, auch geistig wird die Sichtweise geöffnet für ein anderes Denken, Fühlen und Handeln. Neue Möglichkeiten tun sich auf und können selbst festgefahrene Verhaltensmuster ändern.

Beweglicher Körper – beweglicher Geist

Der Lernprozeß, der durch Körperarbeit eingeleitet wird, stößt zunächst an Grenzen, die anfangs akzeptiert, später jedoch erweitert oder sogar aufgehoben werden können. Die Wiederentdeckung von mehr körperlichen und seelischen Bewegungsräumen kann ein Weg zur Ich-Stärkung, zu persönlichem Wachstum, mehr Selbstvertrauen, besserem Selbstwertgefühl und der Gewinn von seelischer Stabilität sein.

Körperliches Wohlbefinden – Einsatz und Aktivität viele Jahre lang

Um das zu erreichen, ist aktive Vorsorge gefragt. Nur gezielte Aktivitäten beugen Erschöpfungsphasen vor. Moderne Gesundheitsprogramme, dazu die ständige Schulung der Selbstverantwortung, sollten in der heutigen Zeit, die durch Technisierung und Automatisierung eine grundlegende Veränderung erfahren hat, nicht mehr fehlen.

Manuelle Tätigkeitsbereiche, welche Kraft und Ausdauer und Bewegung erforderten, sind heute weitgehend zurückgedrängt und sind von meist statischen Arbeitsbereichen abgelöst worden. Die Stunden in der Arbeitszeit, bei der Hin- und Heimfahrt, am Abend vor dem Fernseher, in der Kneipe, im Restaurant, bei Freunden …: Zum Sitzen verurteilt?

Gesundheitliche Selbstverantwortung: Jeder einzelne ist gefordert

Jedem einzelnen muß klar werden, daß nur die Vorsorge, die Prävention, die Erhaltung der Gesundheit, zur Minimierung der Krankheitskosten beiträgt und dem kostenaufwendigen Reparatursystem ein Ende bereiten kann.

Gesundheitsprogramme haben bestätigt, daß gezielte Entspannungsmaßnahmen vielseitige positive Wirkung zeigen:

- Verbesserung der persönlichen Lebensqualität
  Zufriedene Menschen haben einen hohen Anteil an glücklichem Erleben. Sie strahlen ihre Vitalität, Gesundheit in ihr gesamtes soziales Umfeld aus und stimmen es positiv.

- Förderung der körperlichen Gesundheit
  Vegetative Funktionsstörungen, psychosomatische Erkrankungen werden reduziert oder beseitigt. Das Immunsystem wird so nachhaltig gestärkt, daß sich die persönlichen Risikofaktoren stark eingrenzen lassen.

- Größere Streßresistenz
  Durch eine bessere Streßbewältigung im beruflichen und privaten Rahmen wird ein größeres persönliches Energiepotential erzielt.

- Höheres Selbstwertgefühl
  Durch die Erfüllung emotionaler Grundbedürfnisse wird die Eigenbewertung verändert und das Selbstwertgefühl deutlich angehoben. Die damit verbundene Anerkennung, auch seitens der Gesellschaft, schafft eine neue, durch positive Gemeinschaftserlebnisse erzeugte, Lebensqualität.

- Mehr Leistungsbereitschaft am Arbeitsplatz
  Hält das Wohlbefinden am Arbeitsplatz durch entsprechende Förderung an, fällt es leicht, mehr Leistung zu zeigen; und das wiederum trägt dazu bei, sich mit dem Unternehmen identifizieren zu können.

Entscheidend ist der persönliche Wunsch

Es gibt viele Wege, viele Varianten und viele Methoden, wie man dem Leben einen gesünderen Inhalt geben kann. Voraussetzung ist das Wollen. Gesund und entspannt durchs Leben gehen kann nur, wer Freude daran empfindet. Nur mit Spaß und Freude läßt sich ein neuer Weg beginnen. Der ganz persönliche Wunsch entscheidet über die weiteren Schritte. Sie sind nur dem möglich, der in sich hineinhorcht, der spürt, was der Körper wirklich benötigt (nicht was die Gesellschaft oder die Medienwerbung vorgibt, sondern was die individuelle Persönlichkeit braucht, um sich einfach wohlzufühlen).

Und so individuell wie die Persönlichkeit wird das Maß sein. Statt der Kaffeepause eine Entspannungspause zu machen, wird manchem dumm und lächerlich vorkommen, dem anderen ist es ein wichtiger Schritt in Richtung Gesundheit. Oder die Bewegungspause während langer Autofahrten: viele hält sie nur auf, anderen ist sie bereits selbstverständlich. Die uns oft noch fremd anmutende Atem- und Bewegungsgymnastik der östlichen Menschen, die sie mit viel Hingabe in Parks oder Freizeitanlagen demonstrieren, findet bereits viele Interessenten in der westlichen Welt.

Wichtig: Hintergrundwissen

Um Methoden der Körpererfahrung zu verstehen und einordnen zu können, ist es wichtig, sich mit ihren kulturellen und philosophischen Hintergründen auseinanderzusetzen. Deshalb wird vor jeder Trainingssequenz eine Einführung in diese Hintergründe stehen. Natürlich kann diese kurze Erläuterung nur jeweils sehr begrenzt darüber informieren.

Es wird auch immer wieder die Frage gestellt, ob diese Methoden der Körpererfahrung aus dem östlichen Kulturkreis (Tai Chi Chuan, Qi Gong, Yoga, Zen Meditation, Shiatsu) in unsere westliche Welt übertragen werden können, zumal wir sie hier aus ihrem kulturellen und philosophischen Zusammenhang herausgelöst haben. Die bisher gemachten Erfahrungen zeigen, daß es nicht notwendig ist, tiefer in dieses östliche Kulturgut einzudringen. Die

Steigerung des körperlich-seelischen Wohlbefindens durch diese Methoden konnte auch ohne vertiefendes Hintergrundwissen immer wieder festgestellt werden.

Fast alle Methoden stellen den ganzen Menschen in den Vordergrund. Zum besseren Verständnis der theoretischen und philosophischen Hintergründe aus der ganzheitlichen Sicht der Methoden zur Körpererfahrung dient das folgende Kapitel; es soll verdeutlichen, welchen Stellenwert die in diesem Handbuch vorgestellten Methoden auf dem Weg zur Gesundheitsbildung und -erhaltung im Rahmen heutiger Gesundheitsförderungsmaßnahmen haben sollten.

Relax – Entspannung – Kraft tanken

2

Entspannungstraining als therapeutische Maßnahme

Entspannung ist eine ruhige Insel, auf die wir uns zurückziehen können, um für das tägliche Auf und Ab wieder neue Kraft zu tanken. Hier können wir dann „total relaxed" Körper und Seele baumeln lassen.

Wer die Kunst des Entspannens beherrscht, kann sich wirksam von der Dauerspannung befreien, die der Arbeitsalltag mit sich bringt. Entspannungstraining ist eine Anti-Streß-Kur, die nicht nur ruhig und gelassen macht, sondern auch Vitalität und Gesundheit insgesamt fördert. Je angespannter wir arbeiten, je mehr wir leisten müssen, desto mehr sind wir auf ein gesundes Wechselspiel von Spannung und Entspannung angewiesen.

Durch die physiologische Aktivierung der Großhirnrinde wird der Grundtonus oder die Grundspannung, die als das Aktivitätsniveau des menschlichen Organismus gilt und die Voraussetzung für alle körperlichen und geistigen Tätigkeiten ist, in belastenden Situationen erheblich gesteigert. Daueranspannung kann zu körperlichen und geistig-seelischen Schäden führen.

Normalerweise entspannen wir, wenn wir ausreichend und ungestört schlafen können. Wir entspannen uns, wenn wir einem geruhsamen Hobby nachgehen oder uns in gesundem Maß sportlich betätigen. Auch ein gut geplanter Urlaub, in dem sich Aktivität und Passivität abwechseln, kann den persönlichen Kraftvorrat, der durch die Anforderungen des täglichen Lebens oft sehr schnell verbraucht wird, wieder auffüllen.

Praxis-Tip:

Regelmäßiges Entspannungstraining ist in seiner körperlich-seelischen Auswirkung kaum zu überschätzen. Zum einen

FIT FOR BUSINESS – BERUF & KARRIERE

Liebe Leserin, lieber Leser,

möchten Sie auch andere Bücher unseres Verlages kennenlernen? Wir informieren Sie gerne kostenlos über unser aktuelles Buchprogramm. Bitte kreuzen Sie die Themen an, die Sie besonders interessieren und schicken Sie die ausgefüllte Karte an uns zurück.

Ich interessiere mich speziell für Bücher aus den Themenbereichen:

- ○ Rechtsratgeber
- ○ Existenzgründung
- ○ Immobilientrends
- ○ Versicherungstips
- ○ Steuern

- ○ Karriere/Persönlichkeit
- ○ Verkauf und Marketing
- ○ Management
- ○ Geld/Börse
- ○ Zukunft/Trend

Meine Anschrift:

Name/Vorname
_____

Firma
_____

Straße
_____

PLZ/Ort
_____

Telefon/Telefax (tagsüber)
_____

Ich bin damit einverstanden, daß meine Daten gespeichert werden.
Fit for Business c/o Walhalla Fachverlag
Haus an der Eisernen Brücke · 93059 Regensburg
Telefon: 0941/56 84-0 · Telefax: 0941/56 84-111
e-mail: walhalla@walhalla.de · http://www.walhalla.de

Antwortkarte

**Fit for Business
c/o Walhalla Fachverlag**

93042 Regensburg

Bitte
freimachen

hilft es uns, augenblicklich belastende Situationen besser zu bewältigen, und zum anderen hilft es uns, vorbereitet zu sein auf zukünftige Krisensituationen. Es ist eine sehr wirksame Form psychologischer und körperlicher Therapie, mit der wir uns selbst helfen können.

Äußerlich sieht Entspannungstraining manchmal sehr einfach aus, da meist keine Geräte oder sonstiges wissenschaftliches Instrumentarium notwendig sind. Leider wird der gesundheits- fördernde Wert von vielen noch unterschätzt.

Wichtig: Befinden wir uns in einem gesunden, psychisch-physi- schen Gleichgewicht, reagiert unser Körper angemessen, so spre- chen wir von einem Eutonus, von einem guten Spannungszu- stand. Reagieren wir unangemessen auf Anforderungen, wird der Spannungszustand dystonisch. Das harmonische Gleichgewicht streben alle Formen des Entspannungstrainings an.

Der Weg zu sich selbst ist die gelassene Innenschau

Zu viele fliehen in Geschäftigkeit, Betriebsamkeit und andere Ak- tivitäten, als hätten sie Angst, den Alltag mal loszulassen und mal bei sich selbst einzukehren. Nur wenige spüren die innere Unru- he, die sie zu hektischer Aktivität treibt. Unbewußt suchen wir zwar schon nach einem Weg, der zu uns selbst führt, doch mei- stens sind wir dabei dauernd unterwegs, ohne je anzukommen.

Der Philosoph Graf Keyserling sagte: „Der schnellste Weg zu sich selbst ist eine Reise um die Welt". – Ich glaube, niemand muß zu- erst diese Reise machen. Jeder trägt seinen eigenen Weg in sich. Ihn finden können Sie durch ein gelassenes Nach-Innen-Schauen.

Was genau ist Entspannung?

Im Zustand der Entspannung dominiert das Gefühl der Ruhe und Gelassenheit. Bleiben wir entspannt, dann werden die ererbten Reaktionsmuster des Körpers gedämpft und die damit verbundenen Stoffwechselprozesse reduziert. Dieses biologische Erbe war ursprünglich notwendig, um ein Überleben in einer bedrohlichen und gefährlichen Umwelt zu garantieren.

Schätzen wir beispielsweise eine Situation als schwierig oder sogar bedrohlich für uns ein, glauben wir, diese nicht bewältigen zu können, dann wird das sympathische Nervensystem (der sogenannte Sympathikus, einer der Hauptnervenzweige des vegetativen Nervensystems) aktiviert. Das bedeutet:

- Die Muskulatur spannt sich an.

- Der Puls steigt, das Herz schlägt schneller.

- Der Atem wird schneller und flacher.

- Hormone werden in den Blutkreislauf ausgeschüttet.

- Die Gerinnungsfähigkeit des Blutes steigt.

Manchmal werden diese körperlichen Veränderungen sogar deutlich bewußt. Die Zähne werden zusammengebissen, die Hände werden zu Fäusten geballt. Die körperliche Erregung wird fühlbar.

Für unsere Vorfahren waren diese körperlichen Alarmzustände noch besonders wichtig: Sahen sie sich feindlichen Tieren oder Menschen gegenüber, so wurde ihr Organismus binnen weniger Sekunden aktiviert. Sie waren reaktionsbereit – entweder zu kämpfen oder zu fliehen. Das Denken wurde weitgehend ausgeschaltet. Heute wünschen wir uns jedoch in den meisten kritischen Situationen, eher ruhig und besonnen zu reagieren. Wir empfinden die körperliche Mobilisierung eher als unnötig, ja nachteilig, da sie uns auch noch der Möglichkeit beraubt, spontane Entscheidungen zu treffen.

Alle Beeinträchtigungen alarmieren den Körper

Je nach Konstitution oder Temperament erfolgt diese Aktivierung des sympathischen Zweigs bei manchen Menschen leider recht häufig:

- Sie fühlen sich ständig überfordert und in ihrem alltäglichen Leben beeinträchtigt, sei es durch die Umwelt oder durch sich selbst. Selbst geringe Anforderungen sind für sie schwierig und machen sie ängstlich.

- Sorgenvolles Grübeln, angstvolles In-die-Zukunft-Blicken, negative gedankliche Vorstellungen halten diese ewig Gestrigen fest und aktivieren ebenfalls das sympathische Nervensystem.

- Summieren sich verschiedene Belastungen, beispielsweise bei Antritt einer neuen Arbeitsstelle und gleichzeitigem Wohnungswechsel, bei der Mitteilung einer schwerwiegenden ärztlichen Diagnosestellung bei schon geschwächtem Organismus oder bei einem Partnerverlust, einer Partnertrennung und der gleichzeitigen Veränderung der Lebensverhältnisse oder Krankheit von Angehörigen, ist die Balance schnell verloren.

Immer wieder wird das sympathische Nervensystem aktiviert mit der Alarmierung körperlicher Vorgänge.

Kurzfristige Folgen des Daueralarms

- Schmerzen durch Muskelverspannungen in Nacken-, Schulter- und Rückenbereich und mangelnde Durchblutung in diesen Gebieten

- Spannungskopfschmerzen durch die Veränderung der Durchblutung und der Gefäßweite

- Schlafprobleme, Nicht-Abschalten-Können: Nicht bewältigte Streßsituationen halten nachts wach – Ein-, Durchschlafstörungen sind die Folge.

- Schnelle Erschöpfung und Müdigkeit: Nach belastenden Situationen (Zahnarzt-, Arzt-, Behördenbesuch, hohes Verkehrsaufkommen oder hoher Termindruck) kommt es zu Abgespanntheit, Müdigkeit oder Erschöpfung.

Langfristige Folgen des Daueralarms

- Chronische Verspannungen, die zu schmerzhaften Versteifungen führen

- Hoher Blutdruck, Kreislaufschwankungen, Verdauungsprobleme

- Durchblutungsstörungen mit Schmerzen

- Veränderung des biochemischen Gehirnstoffwechsels

Seelische Folgen des Daueralarms

- Einengung der Wahrnehmung und des Denkens

- Erinnerungen/Vorstellungen werden als ungünstig angesehen.

- Situations- und Eigenbewertung fallen negativ aus.

- Unruhe, Spannung, Gereiztheit prägen die Empfindungen.

- Ungeduld, Aggressivität ist die Reaktion darauf.

Aussagen von Betroffenen: „Ich will zuviel auf einmal machen, und dann geraten mir die Dinge außer Kontrolle." Oder: „Mir gehen tausend Dinge im Kopf herum, ich kann mich nicht mehr konzentrieren und verliere dauernd den roten Faden." Oder „Mir fehlt die Orientierung, ich bin nicht fähig, mich für irgend etwas zu entscheiden."

Wie wirkt Entspannung?

Vor vielen Jahren wußte ich das auch noch nicht. Meine Gereizt-heit – mein aggressives Reagieren – meine Schlafprobleme, meine Magengeschwüre – durch Entspannung würden sie verschwin-den? Damals glaubte ich nicht daran. Nach einem Kurs für Auto-genes Training und einem weiteren Yogakurs war ich schon ande-rer Meinung. Später wuchs das Interesse an diesen Körpererfah-rungsmethoden so sehr, daß ich mich zur Gesundheits- und Ent-spannungstherapeutin ausbilden ließ.

Was passiert nun in uns? Wird das sympathische Nervensystem durch Situationen, die wir als angstvoll, als nicht zu schaffen oder als bedrückend, bedrohend, einschränkend erleben, alarmiert, folgen Muskelverspannungen, Veränderungen der Atmung, Erhö-hung von Puls und Blutdruck sowie Hormonausschüttungen.

Richtiges Atmen

Normalisieren wir nun einen dieser körperlichen Vorgänge, z. B. durch die Atem- oder Muskelentspannung, normalisieren sich alle übrigen Vorgänge ebenfalls. Die Erregbarkeit des sympathischen Nervensystems nimmt ab. Das zeigt, daß wir über die Entspan-nung der Muskeln oder die Beruhigung des Atems das sympathi-sche Nervensystem beeinflussen können und seine Übererregbar-keit samt körperlicher Folgeerscheinungen reduzieren können.

Achtung: Auch die seelische Bewußtseinslage beruhigt sich, wenn die Aktivität des Sympathikus nachgelassen hat. Die Emp-findungen werden dann als ruhiger, gelassener, entspannter wahrgenommen.

Körperliche Entspannung – mit Angst und Streß unvereinbar

Bei vielen meiner Seminarteilnehmer ruft dieser Zusammenhang zwischen Muskelspannung und Gefühlen immer wieder Erstaunen hervor. Nach einer Entspannungsübung können sich die meisten Kursteilnehmer keine belastende Situation mehr vorstellen: „Ich habe nie geglaubt, daß ich über die Entspannung meiner Muskeln auch Einfluß auf meine Gefühle habe.", so die Aussage eines Teilnehmers.

Übrigens können Sie das selbst auch einmal ausprobieren. Beißen Sie Ihre Zähne kräftig zusammen, spannen Sie Ihre Körpermuskeln an und stellen Sie sich dabei etwas Schönes und Entspannendes vor. Es wird Ihnen nicht gelingen. Entspannen Sie Ihr Kiefergelenk und Ihren Mund und – lächeln Sie – mit Augen und Mund. Jetzt wird es Ihnen leicht fallen, an etwas Positives zu denken oder sich etwas Schönes vorzustellen.

Auswirkungen regelmäßigen Entspannungstrainings

Untersuchungen ergaben, daß ein tägliches Training von nur 15 bis 20 Minuten folgende Auswirkungen hat:

- Körperliches Wohlgefühl, Entspannungserleben unmittelbar nach der Übung und noch länger anhaltend

- Gelasseneres und ruhigeres Reagieren auf belastende Situationen, Abnahme von Angstzuständen

- Zunahme der körperlichen Belastbarkeit, schnellere Erholung nach Streßattacken

- Ruhiger, störungsfreier Schlaf sowie Abnehmen der funktionellen Körperbeschwerden

- Beseitigung von Verdauungsproblemen

- Normalisierung der Blutdruck- und Herz-Kreislaufwerte

- Schmerzbefreiung bei chronischen Muskelverspannungen oder Rückenproblemen

- Reduzierung von Krankheitsschüben, z. B. bei rheumatischer Arthritis (sie werden bei Streßeinwirkung zusätzlich verstärkt).

- Zunehmende Stabilisierung bei Allergien

- Frühzeitiges Erkennen von körperlich-seelischen Verspannungen: Die Signale werden eher wahrgenommen. Spannungszustände können so gezielt, bereits im Vorfeld, wieder abgebaut werden.

- Mehr Selbstvertrauen durch die Erfahrung, daß der Streß belastender Situationen durch Entspannung wieder abgebaut werden kann oder gar nicht erst aufkommen muß.

Die Erfahrung zeigt, daß man die Kontrolle über sich selbst nicht als verloren zu sehen braucht.

„Entspannungstraining hat mich insgesamt freier und offener für alles gemacht. Ich habe nun nicht mehr das Gefühl, auf einem Vulkan zu sitzen." (Aussage einer Seminarteilnehmerin).

So entwickeln Sie Ihre Entspannungskultur

Um eine Entspannungskultur entwickeln zu können, müssen wir zunächst wissen, wovon wir uns erholen wollen. Unterschiedliche Entspannungstechniken sind da sehr hilfreich, aber auch die Aspekte der Persönlichkeitsentwicklung spielen eine immer größere Rolle.

Es geht also nicht mehr nur um Erholung, sondern längst um eine moderne Psychohygiene, die alle Lebensbereiche verbindet: körperliches Fit-sein – psychische Belastbarkeit, geistige Beweglichkeit, befriedigende Sozialbeziehungen – positive Arbeitseinstellung – Einklang mit der Umwelt. Da eine realistische Selbsteinschätzung des eigenen Verhaltens unabdingbare Voraussetzung für eine persönliche Entspannungskultur ist, lernen Sie sich doch erst einmal kennen!

Test: Wie gehen Sie mit Streß um?

Beantworten Sie bitte folgende Fragen. Die vier Ziffern haben die Bedeutung:

(1) Aussage stimmt überhaupt nicht.

(2) Aussage stimmt kaum.

(3) Aussage stimmt im großen und ganzen.

(4) Aussage stimmt vollkommen.

Schätzen Sie sich selbst ein	
1. Wenn ich angespannt bin, esse ich mehr als sonst.	(1) (2) (3) (4)
2. Herausforderungen reizen mich.	(1) (2) (3) (4)
3. Ich rege mich schnell auf.	(1) (2) (3) (4)
4. In besonders belastenden Lebensphasen wird mir alles zuviel.	(1) (2) (3) (4)
5. Ich halte mein Gewicht unter Kontrolle.	(1) (2) (3) (4)
6. Nach der Arbeit kann ich nicht gut abschalten.	(1) (2) (3) (4)
7. Ich habe zeitweise versucht, überhaupt keinen Alkohol zu trinken.	(1) (2) (3) (4)

8. Mir fällt es schwer, mich gedanklich von meinen Problemen zu lösen. (1) (2) (3) (4)

9. Hoher Verantwortungsdruck geht auf Kosten meiner Leistung. (1) (2) (3) (4)

10. Wenn die Belastung zu stark wird, würde ich am liebsten das Handtuch werfen. (1) (2) (3) (4)

11. Ich will besser sein als andere. (1) (2) (3) (4)

12. Selbstbeherrschung ist nicht meine Stärke. (1) (2) (3) (4)

13. Wenn es mir nicht gut geht, sind meist andere daran schuld. (1) (2) (3) (4)

14. Streß macht mir viel aus. (1) (2) (3) (4)

15. Ich nehme Gesundheitstips aus den Medien nicht sehr ernst. (1) (2) (3) (4)

16. Wenn es mir schlecht geht, verberge ich das. (1) (2) (3) (4)

17. Bei Entscheidungen fällt es mir schwer, Vor- und Nachteile abzuwägen. (1) (2) (3) (4)

18. Ich vermeide konfliktträchtige Gespräche. (1) (2) (3) (4)

19. Mir fällt es schwer, nein zu sagen. (1) (2) (3) (4)

20. Ich habe noch zu tun, wenn andere bereits ihre Freizeit genießen. (1) (2) (3) (4)

21. Bei leckeren Speisen greife ich auch zwischendurch zu. (1) (2) (3) (4)

22. In Phasen starker Belastung werde ich krank. (1) (2) (3) (4)

23. Wenn andere aufgeben, fühle ich
    mich erst recht motiviert.   (1) (2) (3) (4)

24. Ich habe Angst, mein Pensum nicht
    mehr zu schaffen.   (1) (2) (3) (4)

25. Nichtstun ist für mich unerträglich.   (1) (2) (3) (4)

26. Nachts liege ich lange wach und
    grüble über die Tagesereignisse nach.   (1) (2) (3) (4)

27. Ich kann es nicht aushalten, längere
    Zeit unter Druck zu arbeiten.   (1) (2) (3) (4)

28. Ich lasse mich schnell entmutigen.   (1) (2) (3) (4)

29. Wenn mir alles zuviel wird, schaffe
    ich mir durch die Einnahme von
    Medikamenten Erleichterung.   (1) (2) (3) (4)

30. Mir fällt es schwer, andere für
    meinen Standpunkt zu gewinnen.   (1) (2) (3) (4)

31. Nur wenn ich Spitzenleistungen
    bringe, bin ich mit mir zufrieden.   (1) (2) (3) (4)

32. Ich lenke mich gedanklich ab, um
    Streß besser zu ertragen.   (1) (2) (3) (4)

33. Ich selbst habe auf meine Gesund-
    heit keinen Einfluß.   (1) (2) (3) (4)

34. Wenn der Streß zunimmt, nehmen
    auch meine Beschwerden zu.   (1) (2) (3) (4)

35. Ich setze bei meiner Gesundheits-
    vorsorge auf vorbeugende
    Medikamente.   (1) (2) (3) (4)

36. Wenn der Druck zunimmt, läßt
    mein Appetit nach.   (1) (2) (3) (4)

37. Ich vermeide es, andere mit meinen
    Problemen zu belasten.   (1) (2) (3) (4)

38. Mich quält die Angst, den Anfor-
    derungen nicht mehr zu genügen.   (1) (2) (3) (4)

Checkliste: Gesundheit

Beantworten Sie bitte folgende Fragen. Die fünf Ziffern haben die Bedeutung:

(1) nie

(2) gelegentlich

(3) 3- bis 5mal im Monat

(4) 6- bis 10mal im Monat

(5) häufiger als 10mal im Monat

Wie häufig hatten Sie in letzter Zeit diese Beschwerden?	
1. Sodbrennen	(1) (2) (3) (4) (5)
2. Morgendliche Startschwierigkeiten	(1) (2) (3) (4) (5)
3. Stiche und Schmerzen in der Brust	(1) (2) (3) (4) (5)
4. Durchschlafstörungen	(1) (2) (3) (4) (5)
5. Druck- und Völlegefühl im Bauch	(1) (2) (3) (4) (5)
6. Magenschmerzen	(1) (2) (3) (4) (5)
7. Allergische Hautreaktionen	(1) (2) (3) (4) (5)
8. Allergische Reaktionen der Atemwege	(1) (2) (3) (4) (5)

9.	Appetitlosigkeit	(1)	(2)	(3)	(4)	(5)
10.	Kopfschmerzen	(1)	(2)	(3)	(4)	(5)
11.	Durchfall	(1)	(2)	(3)	(4)	(5)
12.	Blähungen	(1)	(2)	(3)	(4)	(5)
13.	Müdigkeit, Antriebslosigkeit	(1)	(2)	(3)	(4)	(5)
14.	Kreislaufprobleme	(1)	(2)	(3)	(4)	(5)
15.	Speisenunverträglichkeit	(1)	(2)	(3)	(4)	(5)
16.	Muskelverspannungen im Hals-, Nacken- oder Schulterbereich	(1)	(2)	(3)	(4)	(5)
17.	Beklemmungs- und Engegefühl im Brustbereich	(1)	(2)	(3)	(4)	(5)
18.	Übelkeit	(1)	(2)	(3)	(4)	(5)
19.	Atemnot	(1)	(2)	(3)	(4)	(5)
20.	Körperliche Erschöpfung	(1)	(2)	(3)	(4)	(5)
21.	Einschlafstörungen	(1)	(2)	(3)	(4)	(5)
22.	Verstopfung	(1)	(2)	(3)	(4)	(5)
23.	Kreuz- und Rückenschmerzen	(1)	(2)	(3)	(4)	(5)
24.	Schwindelgefühl	(1)	(2)	(3)	(4)	(5)
25.	Schwitzen	(1)	(2)	(3)	(4)	(5)
26.	Herzklopfen, Herzjagen	(1)	(2)	(3)	(4)	(5)

Checkliste: Risikofaktoren

Prüfen Sie sich

Rauchen Sie?   ☐ nie   ☐ gelegentlich   ☐ regelmäßig

Wenn Sie regelmäßig rauchen, wieviel rauchen Sie am Tag?

Anzahl Zigaretten   (_____) Stück/Tag

Anzahl Zigarillos   (_____) Stück/Tag

Anzahl Zigarren   (_____) Stück/Tag

Anzahl Pfeifen   (_____) Stück/Tag

Rauchen Sie mehr, wenn der Streß zunimmt?   ☐ ja   ☐ nein

Trinken Sie Alkohol?   ☐ ja   ☐ nein

Wenn ja, wieviel trinken Sie pro Woche?

Anzahl Flaschen Bier (0,5 Liter)   (_____) Flaschen/Woche

Anzahl Gläser Wein (0,25 Liter)   (_____) Gläser/Woche

Anzahl kleine Schnäpse   (_____) Schnäpse/Woche

Trinken Sie mehr Alkohol, wenn der Streß zunimmt?   ☐ ja   ☐ nein

Trinken Sie Tee oder Kaffee?   ☐ nie   ☐ gelegentlich
☐ regelmäßig

Wenn Sie regelmäßig Tee oder Kaffee trinken, wieviel trinken Sie am Tag?

Kaffee   (_____) Tassen/Tag

Tee   (_____) Tassen/Tag

Trinken Sie mehr Kaffee/Tee, wenn der Streß zunimmt?
☐ ja   ☐ nein

Wie häufig nehmen Sie folgende Medikamente ein?

(1) nie   (4) 3- bis 5mal im Monat
(2) gelegentlich   (5) 6- bis 10mal im Monat
(3) 1- bis 2mal im Monat   (6) häufiger als 10mal im Monat

1.	Schmerzmittel	(1) (2) (3) (4) (5) (6)
2.	Herz-/Kreislaufmittel	(1) (2) (3) (4) (5) (6)
3.	Beruhigungsmittel	(1) (2) (3) (4) (5) (6)
4.	Abführmittel	(1) (2) (3) (4) (5) (6)
5.	Schlafmittel	(1) (2) (3) (4) (5) (6)
6.	Appetitzügler	(1) (2) (3) (4) (5) (6)
7.	Stärkungs- und Vitalisierungs-präparate	(1) (2) (3) (4) (5) (6)
8.	Vitaminpräparate	(1) (2) (3) (4) (5) (6)

Wie häufig treiben Sie Sport?

(1) nie   (4) 3- bis 5mal im Monat
(2) gelegentlich   (5) 6- bis 10mal im Monat
(3) 1- bis 2mal im Monat   (6) häufiger als 10mal im Monat

1.	Ausdauersport (z. B. Laufen, Wandern, Schwimmen, Radfahren, Skilanglauf)	(1) (2) (3) (4) (5) (6)
2.	Konditionsgymnastik (z. B. Aerobic, Jazztanz)	(1) (2) (3) (4) (5) (6)
3.	Gymnastik, Turnen	(1) (2) (3) (4) (5) (6)
4.	Tennis, Squash, Badminton	(1) (2) (3) (4) (5) (6)
5.	Kraftsport	(1) (2) (3) (4) (5) (6)
6.	Ballsportarten (z. B. Volleyball, Fußball, Handball	(1) (2) (3) (4) (5) (6)
7.	Fernöstliche Sportarten (z. B. Judo, Taekwondo)	(1) (2) (3) (4) (5) (6)
8.	Entspannung (z. B. Autogenes Training, Muskelentspannung, Yoga, Meditation)	(1) (2) (3) (4) (5) (6)

Test: Sind Sie ein Erholungstyp?

Beantworten Sie bitte folgende Fragen. Die vier Ziffern haben die Bedeutung:

(1) Aussage stimmt überhaupt nicht.

(2) Aussage stimmt kaum.

(3) Aussage stimmt im großen und ganzen.

(4) Aussage stimmt vollkommen.

Schätzen Sie sich selbst ein	
Ich fühle mich fit und voller Energie.	(1) (2) (3) (4)
Ich stelle meinen Speiseplan überlegt und ausgewogen zusammen.	(1) (2) (3) (4)
Bei akutem Streß verschaffe ich mir Entspannung, indem ich an etwas anderes denke.	(1) (2) (3) (4)
Auch wenn es hoch hergeht, bleibe ich ruhig und gelassen.	(1) (2) (3) (4)
Ich teile mir meine aktuelle Tagesarbeit nach Prioritäten ein.	(1) (2) (3) (4)
Ich beherrsche Techniken, mich aktiv zu entspannen.	(1) (2) (3) (4)
Schwierige Aufgaben empfinde ich nicht als Belastung, sondern als besondere Herausforderung.	(1) (2) (3) (4)
Selbst wenn ich gereizt bin, habe ich mich im Griff.	(1) (2) (3) (4)

Ich bin voller Schwung und Energie.   (1) (2) (3) (4)

Ich halte mich durch Sport körperlich fit.   (1) (2) (3) (4)

Gedankliche Ablenkung hilft mir, mit
unangenehmen Belastungen fertig
zu werden.   (1) (2) (3) (4)

In Gesprächen kann ich die anderen
von meiner Meinung überzeugen.   (1) (2) (3) (4)

Meine Speisen wähle ich streng nach
gesundheitlichen Kriterien aus.   (1) (2) (3) (4)

Nach hektischen Phasen kann ich schnell
und effektiv ausspannen.   (1) (2) (3) (4)

Ich denke an etwas Positives, um
übermäßigen Ärger zu verkraften.   (1) (2) (3) (4)

Ich fühle mich stark und leistungsfähig.   (1) (2) (3) (4)

Ich überprüfe am Tagesende, ob ich
alles Vorgenommene auch erreicht habe.   (1) (2) (3) (4)

Ich erstelle mir genaue Zeitpläne.   (1) (2) (3) (4)

Ich kann mich zu jeder Zeit gezielt
entspannen.   (1) (2) (3) (4)

Durch gezielte Vorbeugung schütze ich
mich gegen Krankheiten.   (1) (2) (3) (4)

Ich achte auf ausreichenden Schlaf.   (1) (2) (3) (4)

Eine Kurzerholung ist für mich ein
wichtiger Bestandteil des Tages.   (1) (2) (3) (4)

Ich verschaffe mir meine Erholungs-
möglichkeiten.   (1) (2) (3) (4)

Ich denke schon während der Arbeit
daran, wie ich mich am Abend
erholen kann.   (1) (2) (3) (4)

Brauche ich Entspannung, dann nehme
ich mir eine Auszeit.   (1) (2) (3) (4)

Ich verfüge über genügend Möglichkeiten, mich zu erholen.   (1) (2) (3) (4)

Ich bin für meinen Erholungswert selbst
verantwortlich.   (1) (2) (3) (4)

Selbst wenn eine Arbeit noch nicht
abgeschlossen ist, plane ich eine
Erholungszeit ein.   (1) (2) (3) (4)

Ich achte auf meine Körperrhythmen;
wenn ich ein Tief habe, vermeide ich
anstrengende Tätigkeiten.   (1) (2) (3) (4)

Ich habe es selbst in der Hand, ob ich
mich gut oder schlecht erhole.   (1) (2) (3) (4)

Ich kann ein klares Nein bei zu vielen
und zu knappen Terminen sagen.   (1) (2) (3) (4)

Erholung – gut geplant

Damit der eigentliche Erholungsvorgang unter optimalen Bedingungen verlaufen kann, müssen wir zunächst einmal von der vorangegangenen Belastungsphase Abstand gewinnen. Die Lösung von Ereignissen und Emotionen gelingt in drei Phasen.

Phase 1: Distanzierung

- auf der körperlichen Ebene, z. B. durch Ausgleichsgymnastik, durch Joggen oder Walking, durch Ernährung

- auf der geistigen Ebene, z. B. nicht länger über Unerledigtes nachgrübeln, gedanklichen Wirrwarr mit einem Ritual beenden

- auf der emotionalen Ebene, z. B. durch Ärger-Übung oder durch Gefühlsformation

Phase 2: Regeneration

Die Phase, in der sich die leeren Energiespeicher wieder auffüllen können, die verkrampfte Muskulatur losläßt, die Gedanken sich neu ordnen können und emotionale Ausgeglichenheit sich wieder einstellen kann. Hier ist es wichtig zu wissen, wovon man sich erholen will, z. B. bei Erschöpfungszuständen gilt es, neue Energie zu tanken. Langeweile, Unterforderung, Einsamkeitsgefühle verlangen nach Abwechslung. Unternehmen Sie etwas Anregendes, planen Sie einen Sportabend, gehen Sie zu Freunden oder ins Kino. Psychischer Streß verlangt nach echter Erholung.

Phase 3: Neuorientierung

Nun muß der Körper auf die neue Belastungsphase langsam vorbereitet werden, z. B. stellt sich durch mentale und emotionale

Vorbereitung auf das Kommende echte Vorfreude ein, und auch das Lustprinzip kommt dann nicht zu kurz.

Warum schaffen wir es häufig nicht, die Balance zwischen Beanspruchung und Erholung herzustellen? Denken wir mal nach. – Wer ständig Überstunden macht (oder machen muß), wer durch familiäre Verpflichtungen ständig in Anspruch genommen wird, wer die Angst über alles stellt, wer von einem Termin zum anderen hetzt oder von Wettkampf zu Wettkampf, wer glaubt, auch nach gründlicher Vorbereitung noch nicht genügend gelernt zu haben, wer sich ständig bezüglich seiner Leistung in Frage stellt – bei dem wird es kaum Chancen geben zur echten Erholung. Langfristig gesehen wird mit gesundheitlichen Einbußen zu rechnen sein.

Brauchen Sie Entspannung?

3

Test: Wie fit ist Ihr Körper?

Es handelt sich um acht Körperübungen, die Sie langsam und möglichst ohne viel Mühe ausführen sollten.

1. Versuchen Sie, einen Gegenstand zu erreichen, der sich ungefähr 50 cm über Ihrem Kopf befindet. Sie dürfen sich dabei ruhig auf die Zehenspitzen stellen.

2. Setzen Sie sich auf ein Sofa oder einen breiten bequemen Sessel und winkeln Sie ein Bein unter sich ab.

3. Versuchen Sie nun auch, auf dem Sofa beide Beine anzuwinkeln und die Füße im Schneidersitz zu kreuzen.

4. Knien Sie sich auf den Boden und setzen Sie sich mit Ihrem Gesäß weit nach hinten auf Ihre Fersen. Halten Sie Ihren Oberkörper dabei aufrecht.

5. Bleiben Sie in dieser Haltung; nun stellen Sie Ihre Füße auf die Zehenspitzen, während das Gesäß auf den Fersen ruht.

6. Strecken Sie Ihre Arme weit nach oben aus und beugen Sie sich nun mit dem Oberkörper weit nach vorne zum Boden. Versuchen Sie, Ihre Stirn nahe zum Boden zu bringen. Das Gesäß soll dabei auf den Fersen bleiben.

7. Legen Sie sich auf den Boden in Rückenlage, die Beine lang ausgestreckt. Versuchen Sie, Ihr Gesäß vom Boden abzuheben.

8. Strecken Sie (Rückenlage) Ihre Arme lang nach hinten über Ihren Kopf aus und versuchen Sie, Ihren Schultergürtel vom Boden abzuheben.

Zum Abschluß ziehen Sie die Knie auf den Bauch, umfassen sie mit den Händen und wiegen sich hin und her.

Falls Ihr Rücken schon Spannungen aufweist, werden diese durch die Abschlußübung wieder gelöst.

Auswertung: Wenn Ihnen diese Übungen kaum Probleme bereiten, bedeutet das, daß Sie Ihren Körper fit erhalten haben. Physische oder psychische Spannungen sind Ihnen weitgehend fremd.

Bereiten Ihnen diese Übungen viel Mühe, sind Sie schon etwas eingerostet (Ausnahme sind natürlich bestehende Erkrankungen am Bewegungsapparat). Die verkürzte (eingerostete) Muskulatur besitzt dann keine Dehnfähigkeit mehr.

Praxis-Tip:

Entrosten Sie sich! – Das geht erstaunlich schnell. Bereits nach vier Wochen täglichen Trainings werden Sie erstaunliche Erfolge in Ihrer Beweglichkeit und Entspannung verzeichnen.

Test: Wie reagieren Sie in kritischen Situationen?

Kreuzen Sie bitte das für Sie jeweils Zutreffende an.

	Ja	Nein
1. Werden Sie leicht ungeduldig?	❏	❏
2. Verlieren Sie bei einer Diskussion schon mal die Kontrolle über sich selbst?	❏	❏
3. Können Sie zuhören oder fallen Sie Ihrem Gegenüber schnell ins Wort?	❏	❏
4. Haben Sie einen Tick? Z. B. Nägel kauen, Lid zucken, Augenbrauen runzeln, sich immer wieder auf die Lipen beißen, ständiges Beine übereinanderschlagen, mit den Fußspitzen wippen, Zähne knirschen. Diese stereotypen Gesten drücken Ihre nervösen Spannungen aus.	❏	❏

Brauchen Sie Entspannung?

		Ja	Nein
5.	Können Sie ein Blatt Papier mit ausgestecktem Arm halten, ohne zu zittern?	❏	❏
6.	Versuchen Sie, sich in Geschäften vorzudrängeln oder gehen Sie lieber in andere Geschäfte, als daß Sie sich gedulden?	❏	❏
7.	Reden Sie auf der Straße halblaut mit sich selbst?		
8.	Sind Sie unachtsam, d. h. stoßen Sie sich leicht an Möbeln oder lassen Sie oft Gegenstände fallen?	❏	❏
9.	Haben Sie Gedächtnislücken?	❏	❏
10.	Zucken Sie selbst bei kleinen Geräuschen schon zusammen?	❏	❏
11.	Vermeiden Sie überfüllte Räume und Menschenansammlungen?	❏	❏
12.	Gehen Sie oft todmüde ins Bett, auch wenn Sie keine anstrengenden Tätigkeiten hatten?	❏	❏
13.	Wachen Sie morgens auf und fühlen sich schon wie zerschlagen?	❏	❏
14.	Schlafen Sie schlecht?	❏	❏
15.	Sind Sie zufrieden mit Ihrem Lebensschicksal?	❏	❏

Auswertung: Bei zehn Ja-Antworten sind Ihre Nerven bereits arg strapaziert und Ihr Körper wird möglicherweise schon psychosomatische Störungen aufweisen. Bei nur fünf Ja-Antworten gleichen Sie einem Auto, das mit zuviel Gas gefahren wird. Lernen Sie, Ihre Bremse zu betätigen. Entspannen Sie sich!

Test: Haben Sie genügend Empfindungsvermögen?

Zwischen Ihrem Körperbewußtsein, Ihren Empfindungen, Gefühlen und der persönlichen Ausgeglichenheit besteht eine enge Bindung. Der nun folgende Text kann Ihnen Auskunft darüber geben, welche Vorstellung Sie von Ihrem Körper haben:

Legen Sie sich Papier und Bleistift zurecht. Dann lehnen Sie sich in Ihrem Sessel bequem zurück. Lassen Sie das Buch in den Händen in Ihrem Schoß ruhen, so daß Sie ab und zu mal hineinblicken können. Entspannen Sie sich in Ihrem Gesicht, lächeln Sie freundlich in Ihren Körper hinein. Lächeln entspannt Sie automatisch.

- Gehen Sie nun in Gedanken in Ihrem Körper spazieren.

- Lenken Sie Ihre Aufmerksamkeit auf Ihr rechtes Bein und Ihren rechten Fuß.

- Wie ist Ihre Wahrnehmung?

- Welche Empfindung haben Sie? Fühlt sich das Bein warm oder kalt an? Ist es schwer oder leicht? Prickelt es oder empfinden Sie das Bein als leblos?

- Werden Sie sich Ihrer Empfindungen bewußt. Fahren Sie nun mit der Übung fort, indem Sie nach und nach alle Teile Ihres Körpers aufsuchen und das Befinden abfragen. Nennen Sie sie beim Namen, das hilft Ihnen bei der Konzentration. Zum Schluß fragen Sie nach Ihren Gedanken. Fragen Sie sich ganz ernsthaft, ob Sie das, was sie denken, gerade in diesem Augenblick denken müssen?

Danach wenden Sie sich der Atmung zu. Wie atmen Sie? Langsam, schnell, ausgeglichen? Ihre Atmung sagt sehr viel über Ihre Lebensqualität aus. Eine zu kurze, flache Atmung deutet auf unbewältigten Streß hin.

Einige Körperteile werden Ihnen antworten. Sie sehen sie, sowie Sie sie ansprechen deutlich vor sich und die Empfindungen sprechen eine deutliche Sprache.

Andere Körperteile bleiben stumm, ohne Empfindungen, gefühllos.

Nach der Übung nehmen Sie Ihren Bleistift und schreiben die Zonen auf, die Ihnen nicht geantwortet haben. Lassen Sie sich dann noch ein wenig Zeit um darüber nachzudenken, warum Ihr Denken diese Zonen nicht erreichen konnte. Manchmal fällt Ihnen dazu spontan etwas ein. Vielleicht aus Ihrer Kindheit oder auch aus späteren Erfahrungen. Auf jeden Fall handelt es sich bei gefühllos scheinenden Körperbereichen um vernachlässigte Zonen, die nicht nur schlecht durchblutet, sondern oft auch unbeweglich sind und einen schlechten Muskeltonus aufweisen.

Wichtig: Sind Ihnen alle Körperzonen gleichermaßen bewußt, bedeutet das, daß Ihre physische und psychische Entwicklung harmonisch verlaufen ist.

Der Körper ist die Harfe der Seele. Es liegt an uns selbst, harmonische oder disharmonische Klänge zu erzeugen (frei nach Khalil Gibran).

Praxis-Tip:

Die Aufmerksamkeit auf sich selbst zu richten, ist immer ein Erlebnis, das nie ergebnislos bleibt. Vom ersten Tag an, an dem Sie mit dieser Entdeckungsreise beginnen, werden Sie schon mit dem Gefühl vertraut, das wir verbal als „In-sich-zur-Ruhe-Kommen" bezeichnen. Das ist der Schlüssel, der Ihnen die innere Welt erschließt.

Entdecken Sie Ihr Körpergefühl

Wann spüren Sie Ihren Körper – oder einen bestimmten Teil Ihrer Glieder? Doch nur dann, wenn etwas damit los ist, wenn Sie tatsächlich eine Störung bemerken. Es tut Ihnen etwas weh. Wir spüren unsere Organe leichter, wenn ihnen etwas fehlt.

Warum ist es notwendig, den Körper gefühlsmäßig zu erspüren? Alle Methoden der Körpererfahrung zielen darauf ab. Wenn wir unsere Körperempfindungen besser erspüren, können wir die Wünsche und Bedürfnisse, die oft im Unterbewußtsein schlummern, leichter wahrnehmen.

Aus den Körperreaktionen können wir unsere Aktionen, unsere Handlungsweisen und die darunterliegenden Denkgewohnheiten erkennen. Sind wir ständig eingebunden in den Arbeitsprozeß oder in zuviel hektischer Betriebsamkeit oder überlassen wir uns dem ständig in uns kreisenden Gedankenkarussell, findet unser Körper meistens keine Gelegenheit, sich uns mitzuteilen. Zudem fällt es uns schwer, seine Sprache, seine Ausdrucksweise zu verstehen.

Achtung: Je mehr wir uns auf die Hinwendung zum Körper – ihn zu erfühlen – einlassen, desto deutlicher werden uns die physisch-psychischen Zusammenhänge. Indem wir erlernen, einen möglichst engen Kontakt zum Körper herzustellen. können wir Störungen bereits im Vorfeld durch gezielte Entspannung günstig beeinflussen und vielleicht sogar lösen, bevor sie zu schmerzhaften Blockaden führen.

Mehr Körpergefühl – mehr Lebensgefühl

Die Entwicklung des Körpergefühls ist die einfachste Methode, um das dynamische Gleichgewicht, die Gesundheit wieder herzustellen und möglichst auch zu erhalten.

Für Menschen, deren Gefühlsleben völlig unterentwickelt ist – und in der heutigen Zeit ist Gefühlsarmut leider bei sehr vielen

Menschen anzutreffen – ist die Entwicklung des Körpergefühls vergleichbar mit einer Befreiung aus einem selbstgewählten Gefängnis. Werden uns unsere Gefühle in der Entspannung wieder deutlich bewußt, werden wir nicht nur gefühlvoller, sondern können uns auch von vielen Vorurteilen frei machen und uns alter Erziehungsmodelle, die längst überflüssig sind, entledigen.

Praktische Hinweise zum richtigen Entspannen

Richtige Entspannung ist nicht das Wochenende, weiches Gras, Fernsehen, Kaffee oder Alkohol. Richtige Entspannung ist vor allem eine Technik, die gelernt werden will. Wählen Sie die Methode, die Sie am meisten anspricht, wo Sie am wenigsten Anspannung verspüren, die Ihnen liegt und Freude macht. Wie Sie aus den nachfolgenden Programmen erkennen können, habe ich verschiedene Methoden zusammengestellt, die sich gut ergänzen. In meiner langjährigen Praxis im Entspannungstraining habe ich schon früh begonnen, verschiedene Techniken miteinander zu kombinieren.

Kombinieren Sie, worauf Sie Lust haben

An schwierigen Tagen hilft Atemtechnik, kombiniert mit einer kinesiologischen Übung, schnell über Tiefphasen hinweg. Die spannungslösende Muskelrelaxation ist die wunderbare Vorbereitung auf sanfte Yoga-Formen. Atementspannung ist der begleitende Weg in die Meditation. Fernöstliche Formen der Körpererfahrung wie Tai Chi oder Qi Gong oder Kum Nye sollten nicht auseinandergenommen werden, um ihren Übungscharakter – der stets in Zyklen verläuft – zu erhalten. Gruppenkurse, wie sie an den Erwachsenenbildungsstätten und in privaten Einrichtungen angeboten werden, fördern unsere Motivation zu trainieren und geben Anregungen.

Darauf sollten Sie achten, wenn Sie eine Gruppe besuchen wollen:

- Scheuen Sie sich nicht, um eine Schnupperstunde zu bitten. Die Formen der Entspannungsmethoden sollten von sanfter Art sein.

- Achten Sie darauf, daß der/die Gruppenleiter/in einfühlsam und verständnisvoll arbeitet und nicht von dirigierender oder kritisierender Haltung gegenüber den Teilnehmern ist.

- Leistungsbezogenes Denken und Üben ist bei diesen Methoden nicht gefragt. Die Erfahrungen, die jeder einzelne während des Trainings macht, sollten in einem abschließenden Gespräch miteinander ausgetauscht werden.

- Erwarten Sie nicht, daß mit Beginn des Trainings alle seelischen und körperlichen Schwierigkeiten sofort verschwinden.

Wir haben über Jahre hinweg Gewohnheiten aus Erfahrungen gebildet, z. B. die Schultern schützend hochzuziehen bei schwierigen Situationen. Es erfordert Zeit, Übung und Geduld, damit sich anstelle der alten Reaktionsmuster neue bilden können. Wir wissen sehr gut, daß wir, wenn wir im Winter Alpin-Ski fahren wollen, vorher gut daran tun, Kondition und die Beweglichkeit zu fördern.

Wir müssen schwimmen lernen, bevor wir uns ins tiefe Wasser wagen

Der Gedanke an vorbeugende körperliche und seelische Gesundheitsbildung muß uns in Fleisch und Blut übergehen. Kein Spitzensportler wird Leistungen ohne Training erbringen können. Ähnliches gilt für unseren seelischen Bereich. Wir können nicht allen Ernstes annehmen, unter Belastungen und Prüfungen ruhig, sicher und gelassen reagieren zu können, wenn wir nicht vorgesorgt haben.

Selbst wenn es uns einmal nicht so gut geht, werden wir bei regelmäßigem Training an diesen Tagen die Übungen schaffen. Sie sind uns dann zur Gewohnheit geworden, und Gewohntes schafft man leichter. Zudem werden wir frühzeitig bemerken, wann wir uns verspannen, bei der Arbeit oder beim Autofahren …

Praxis-Tip:

Während Wartezeiten, z. B. an einer Ampel, kann man einige Übungen machen, beispielsweise die Schultern-, Nacken- oder Bauchübung aus der Muskelrelaxation; Atemtechniken lassen sich überall durchführen.

Untersuchungen ergaben, daß nach eineinhalb Stunden Aktivität ein Tief folgt und daß diese Phase mit Entspannungstraining aufgefangen werden kann. „Seit ich Mitglied einer Yoga- und Meditationsgruppe bin, verläuft mein Leben ruhiger. Ich bin körperlich flexibler und seelisch belastbarer geworden", sagte eine Seminarteilnehmerin. Oder: „Mir ist klargeworden, daß ich wesentlich aktiver sein kann, wenn ich regelmäßig trainiere." Viele berichten, daß sie aufgeschlossener werden, nicht nur gegenüber neuen Möglichkeiten der Entspannung, sondern auch gegenüber anderen Sichtweisen. Sie hätten das vorher nicht für möglich gehalten.

Ihr Ziel: Umfassende Entspannung

Das bedeutet: Harmonisierung der Gesamtpersönlichkeit durch Methoden wie:

- Muskelrelaxation

- Atemtechniken

- Autogenes Training

- Gezieltes Bewegungstraining

- Yoga

- Tai Chi

- Oder andere Körpererfahrungsmethoden

Dadurch verändern sich Ihre Gefühle: z. B. mehr Wohlgefühl, weniger Ängste; Sie sind entspannter, lockerer, ruhiger und gelassener, belastbarer.

Auch Ihre Gedanken und Einstellungen verändern sich: Sie werden freundlicher, positiver, kreativer, die Eigenwahrnehmung wird günstiger eingeschätzt, es zeigen sich mehr Selbstvertrauen, mehr Lösungsmöglichkeiten bei Problemen, da die Wahrnehmung insgesamt breiter wird.

Ebenso verändert sich Ihr Verhalten: Sie werden gelöster, ohne Druck gelingt die Alltagsbewältigung müheloser, flüssiger.

Muskelrelaxation

4

Die progressive Muskelentspannung

Hierunter versteht man die Methode der Muskelan- und -entspannung, auch als progressive Muskelentspannung nach Jacobsen bekannt.

Kultureller Hintergrund

In jahrzehntelanger Arbeit wurde von dem Internisten Edmund Jacobsen in den 30er Jahren an den Universitäten Harvard und Chicago die von ihm als „Progressive Muskelrelaxation" bezeichnete Muskelentspannung entwickelt. Jacobsen entdeckte, daß zwischen der psychischen und physischen Befindlichkeit enge Zusammenhänge bestehen. Er beobachtete Spannungsgefühle verbunden mit Muskelkontraktionen, wenn seine Patienten Angst fühlten. Gleichzeitig fand er heraus, daß sich die Spannungsgefühle sofort verminderten, wenn die muskuläre Spannung nachließ.

Spannungen konnten also durch systematische Anspannung und Entspannung verschiedener Muskelgruppen und durch aufmerksames Beobachten der dabei entstehenden Empfindungen und Gefühle sowie deren Vergleich beseitigt werden. Auf diese Weise konnte ein Gefühl tiefer Entspannung entstehen.

Muskuläre Entspannung ist der physiologische Gegensatz zu Spannung und Angst

In seinem 1938 erschienenen Buch „Progressive Relaxation" faßte Jacobsen seine Untersuchungen zusammen. Besonders angespannte und ängstliche Menschen können mit dieser Methode wieder zu Ausgeglichenheit und Ruhe finden. Jede Anstrengung kostet Kraft. Jede Muskelanspannung verbraucht Energie. Auch geringe Aktivitäten wirken sich als Anstrengung aus, die in der Skelettmuskulatur und im neuromuskulären System präzise gemessen werden können.

Zentrale Nervenpunkte regen das Herz an und steigern den Blutfluß pro Minute. Automatisch wird dann die Blut- und Sauerstoffversorgung der aktiven Muskulatur erhöht, während gleichzeitig ein erhöhter Blutdruck entsteht, um die Versorgung und Entgiftung des Körpers zu gewährleisten.

Praxis-Tip:

Die Progressive Muskelentspannung oder Muskelrelaxation ist gerade für Menschen, die ihre einmal gesteckten Ziele nicht aufgeben wollen, eine einfache Methode: Mit ihrer Hilfe lernen sie, unnötige Spannungszustände auf der physiologischen Ebene zu vermeiden und so ihren Energieverbrauch zu verringern.

Ein Pluspunkt: das leichte Erlernen der Muskelrelaxation

In der Gesundheitsbildung hat diese Methode einen hohen Stellenwert, da sie für jeden universell anwendbar und auch leicht zu erlernen ist. Zudem läßt sie sich gut mit anderen Therapieformen kombinieren. Inzwischen gibt es mehr als 1000 wissenschaftliche Arbeiten zu diesem Thema.

Auch im therapeutischen Bereich nimmt die Muskelrelaxation inzwischen einen wichtigen Platz ein. Wo es darum geht, psychosomatische Störungen, wie Angstzustände, depressive Phasen, Schlafstörungen oder Kopfschmerzen usw., zu lindern, wird diese Form der Entspannung eingesetzt. Die Wirksamkeit konnte bei all diesen Indikationen in klinischen Studien nachgewiesen werden.

Übungspraxis:
Der Weg zum entspannten Körper

Der große Vorteil dieser Methode besteht darin, daß zunächst Spannung erzeugt wird, um sie dann wieder zu lockern. Es fällt uns dann leichter, Empfindungen in den verschiedenen Muskelgruppen wahrzunehmen. Auch das Vergleichen der beiden Zustände mit ihren einhergehenden Empfindungen fällt dann leichter. Das Verfahren dieser Methode umfaßt das langsame Anspannen, Halten der Spannung (ca. fünf bis sieben Sekunden) und Loslassen der Muskelgruppen in einer bestimmten Reihenfolge. Während der Übung und im nachfolgenden Zeitraum wird das Gefühl, das mit der Anspannung und Entspannung verbunden ist, verglichen.

Durch die unterschiedlichen Spannungszustände wird immer deutlicher und feiner erspürt, wann die Muskulatur angespannt oder entspannt ist.

Ebenfalls wichtig ist das Wahrnehmen der Atmung, die sich zwischen der Spannung beim Einatmen und der Entspannung beim Ausatmen auch als unterschiedlich erspüren läßt.

Varianten brauchen weniger Zeit

Weniger zeitaufwendig sind die Varianten, die sich aus der Grundmethode ableiten.

Ist das erste Ziel der tiefen Entspannung erreicht, können in den Anspannungsphasen mehrere Muskelgruppen gleichzeitig kontrahiert werden. Dadurch kann die Übungszeitdauer auf weniger als zehn Minuten verkürzt werden.

Hier ist das Ziel, auch zwischendurch einmal tief zu entspannen oder ganz gezielt auf sich immer wieder verspannende Muskeln, z. B. durch bestimmte Tätigkeiten, einzuwirken.

Vergegenwärtigen Sie sich Ihren Zustand

Diese Variante ist weit verbreitet. Ohne eine vorhergehende Anspannung werden die einzelnen Muskelgruppen einer aufmerksameren Beobachtung unterzogen und etwaige Spannungen gelöst. Jeder, der mit der Grundmethode Erfahrungen gesammelt hat, wird nach einer gewissen Trainingszeit in der Lage sein, den Entspannungszustand der Muskeln an den wahrnehmbaren Empfindungen unmittelbar zu erkennen. Die Erinnerung an die Gefühle, die mit der Entspannung der einzelnen Muskelbereiche verbunden sind, wird dann zur tiefen Entspannung, auch ohne vorheriges Anspannen, beitragen. Wie beim Autogenen Training wird Entspannung durch Konzentration erreicht.

Ungewöhnliche Empfindungen: Begleiterscheinungen der Entspannungsphase

Während sich Ihr Körper immer tiefer entspannt, werden verschiedene Empfindungen wahrgenommen, die Ihnen neu und ungewöhnlich erscheinen könnten. Solche Gefühle sind die ganz natürlichen Begleiterscheinungen der Entspannungsphase und werden Ihnen später auch nicht mehr ungewöhnlich vorkommen. Versuchen Sie daher gar nicht erst, diese Empfindungen zu kontrollieren. Beobachten Sie und akzeptieren Sie die Wahrnehmungen, ohne darauf Einfluß zu nehmen.

Wichtig: Entspannen bedeutet, passives Wahrnehmen und passives Geschehenlassen.

Schwere, Wärme, Prickeln

Ganz natürliche Folgeerscheinungen körperlicher Entspannung sind die Schwere- und Wärmegefühle, die Sie in tief entspannten Körperbereichen wahrnehmen können.

Auch ein Prickeln oder Kribbeln, welches dicht unter der Haut wahrgenommen werden kann, deutet auf die tiefe Entspannung hin. Diese Empfindungen entstehen in Folge der Weitung entspannter Blutgefäße, die wiederum durch den vermehrten Blutstrom in den kleinsten Blutgefäßen, den Kapillaren, hervorgerufen wird.

Kälte

Sehr selten können Kältegefühle wahrgenommen werden. Sie lassen sich dadurch erklären, daß sich bei sehr tiefer Entspannung die Blutversorgung des Bauchraumes und der Verdauungsorgane erhöht und die periphere Durchblutung der Haut dann wieder verringert wird.

Außergewöhnliche Wahrnehmungen: Wahrnehmungstäuschungen

Es kann im Zustand tiefster Entspannung auch zu Wahrnehmungen kommen, die echte Täuschungen darstellen. Diese Empfindungen können bei der Muskelrelaxation in den Händen, Armen oder im Gesicht vorkommen. Sie vermitteln den Eindruck, als ob diese Korperteile riesengroß oder gar nicht vorhanden seien. Auch das Gefühl, nur aus Arm oder Kopf zu bestehen und keinen Körper mehr zu haben, kann entstehen. Es handelt sich dabei um die Folge absoluter Konzentration auf diesen Bereich. Auch „schwerelos" zu sein oder daß Sie im Begriff sind, sich in nichts aufzulösen, kann im weiteren Verlauf einer tiefen Entspannung entstehen.

Diese sehr außergewöhnlichen Erscheinungen können jedoch nur dann entstehen, wenn die Entspannung völlig angstfrei erlebt werden kann. Die ganz natürliche Angst, z. B. die Kontrolle über sich zu verlieren, verhindert infolge der damit verbundenen Erregung diese äußerst seltenen tiefen Entspannungszustände. Es handelt sich dabei um Phänomene, die aus hirnphysiologischer Sicht durchaus erklärbar sind. In meiner langjährigen Praxis mit Tausenden von Menschen habe ich von diesen Empfindungen äußerst selten gehört. Niemand fühlte sich geängstigt, sie wurden eher als bereichernd empfunden.

Es gibt viele Möglichkeiten, Entspannung zu lernen. In den nachfolgenden Programmen habe ich immer drei Methoden zu einem integrierten Entspannungstraining zusammengestellt. Alle drei Techniken bedingen sich zum Teil und überschneiden sich auch in ihrer Wirkungsweise. Doch bieten sie in ihrer integrierten Einheit die Voraussetzung zu einer umfassenden ganzheitlichen Entspannung.

Hinweise zur Übungspraxis

Wer kann teilnehmen? – Hinweise für Lehrende

- Alle, die Spannungsgefühle in belastenden Streßsituationen abbauen möchten.

- Alle, die am Ende eines Arbeitstages Spannungen auf angenehme und wirksame Weise beseitigen möchten.

- Alle, die besonders unter schmerzhaften intensiven Spannungsreaktionen zu leiden haben.

- Alle, die an Spannungen leiden, die aus anderen Beschwerden resultieren, z. B. Schlafstörungen, Kopfschmerzen, Migräneanfälle oder anderen Schmerzzuständen, bei denen eine allgemeine Entspannung Linderung verspricht.

Achtung: Nicht geeignet für: Alle Erkrankungen, die eine Anspannung bestimmter Muskelgruppen ausschließen.

Praxis-Tip:

Lebensprobleme können durch die Muskelrelaxation allein nicht gelöst werden. Hier kann nur der fachmännische Rat eines Therapeuten und die Entspannungsmethode gemeinsam eine Veränderung bewirken.

Kurzprogramm:
Muskelrelaxation und Autogenes Training (Kurzversion)

Sich zu entspannen ist oft leichter gesagt als getan. Mit verschiedenen Methoden möchte ich Ihnen helfen sich zu entspannen und sich selbst gegenüber wieder sensibler zu werden.

Jedes Programm beginnt mit Übungen der Muskelrelaxation nach Jacobsen und wird mit einer Kurzversion des Autogenen Trainings beendet. Den Schwerpunkt bildet eine Körpererfahrungsmethode. Diese Zusammenstellung hat sich in der Praxis als schnell und wirksam entspannend erwiesen.

Setzen Sie sich nun ganz bequem hin. Schließen Sie einen Moment Ihre Augen und stellen Sie sich ganz auf Ruhe und Entspannung ein.

Muskelrelaxation

Übung 1

- Zuerst winkeln wir die Füße nach oben an. Wir ziehen die Zehen soweit wie möglich hoch. Spüren Sie die Spannung, halten Sie sie an und spüren Sie ihr nach – in den Schienbeinen – Oberschenkeln – bis ins Gesäß.

- Nun lassen wir wieder los – und entspannen die Füße wieder. Spüren Sie den Unterschied?

Übung 2

- Nun krallen wir die Zehen ein und drücken die Zehenspitzen fest zum Boden, die Fersen heben wir an. Halten Sie die Spannung, nicht den Atem an. Spüren Sie, wie die Spannung ansteigt in die Waden und höher.

- Nun entspannen wir die Füße und Beine wieder und beobachten, wie sich die Entspannung in der gesamten Beinmuskulatur ausbreitet.

Übung 3

- Wir spannen nun die Gesäßmuskeln an. – Die Spannung halten und ihr nachspüren – in den Schenkeln, im Bauch.

- Entspannen wir nun das Gesäß – und beobachten den Unterschied. – Nehmen Sie Ihre Empfindungen zu Spannung und Entspannung bewußt wahr. Auch Ihre Atmung verändert sich – sie wird ruhiger, wenn Sie entspannen.

Übung 4

- Nun spannen wir die Bauchmuskulatur fest an. Wir ziehen den Bauch dabei ein und atmen ruhig doch leicht weiter. Mit gehaltener Spannung nach außen drücken – und noch einmal einziehen.

- Jetzt lassen wir den Bauch locker und entspannen alle Bauchmuskeln. Spüren Sie, wie die Entspannung sich ausbreitet – und nun Ihre Atemwelle tief aus dem Bauch heraufkommen kann. – Entspannen wir uns – mehr und mehr.

Übung 5

- Nun drücken wir den Rücken fest an die Lehne. Fühlen Sie sich ganz in die Anspannung ein – der ganze Rücken und auch der Bauch sind daran beteiligt.

- Wenn wir nun entspannen, bleibt der Brustkorb aufgerichtet. So kann sich der Rücken gut entspannen. – Beobachten Sie sich dabei, wie Ihre Atmung nun tiefer und voller wird und Ihr Rücken sich immer besser entspannen kann.

Übung 6

- Jetzt ziehen wir die Schultern hoch – und nach hinten – und spüren der Anspannung nach, wie sie sich ausbreitet – im Nacken – in den Schulterblättern. Und nun entspannen wir uns und lassen die Schultern ganz locker nach hinten heruntersinken.

- Beobachten Sie das angenehme Gefühl der Schwere, das mit der Entspannung einhergeht. Mit jeder Ausatmung können Sie sich mehr entspannen.

Übung 7

- Als nächstes ballen wir mit den Händen Fäuste, noch etwas fester, und beobachten das Ansteigen des Spannungsgefühls in den Armen. Wir entspannen wieder, – spreizen noch einmal die Finger – und nun entspannen wir wieder. – Schwer und warm ruhen unsere Hände aus.

Übung 8

- Bei der nächsten Übung beugen wir gleichzeitig beide Ellenbogen in Schulterhöhe an und spüren die Anspannung im Bizeps. – Halten Sie die Spannung und beobachten Sie sich. Spüren Sie der Spannung nach – bis in die Brustmuskulatur. Atmen Sie dabei ruhig und leicht weiter.

- Wir entspannen die Arme wieder und lassen sie ganz schwer nach unten sinken. Dabei spüren wir ein angenehmes Wärmegefühl, das sich bis in die Brustmuskulatur ausbreitet. Spüren Sie den Unterschied? Wie fühlen sich Anspannung und Entspannung für Sie an?

Übung 9

Jetzt strecken wir das Kinn weit nach vorne, halten die Spannung – und spüren ihr nach – in der Halsmuskulatur – im Nacken. – Entspannen wir uns nun, dabei ziehen wir das Kinn locker an den Hals – ohne den Kopf zu beugen. Fühlen Sie, wie angenehme Entspannung sich nun ausbreiten kann.

Übung 10

Wir beginnen eine neue Übung – wir spitzen die Lippen und pressen sie fest aufeinander, dabei drücken wir die Zungenspitze fest an den oberen Gaumen. Beobachten Sie die Spannung in den Kiefermuskeln. – Nun entspannen wir wieder. Wir lassen den Mund ganz weich werden und die Zunge locker. Spüren Sie den Unterschied zwischen Spannung und Entspannung.

Übung 11

Nun ziehen wir die Nase kraus – ja, wir rümpfen sie gründlich – und entspannen die Nasenflügel wieder. – Ist das nicht angenehm, wieder frei atmen zu können? Spüren Sie dem frischen Einatemstrom einmal nach – oder dem warmen Ausströmen der Ausatemluft an den Nasenöffnungen.

Übung 12

Nun drücken wir die Augen fest zu – und fühlen uns in die Rund-umspannung ein. – Entspannen wir sie wieder. – Die Augen noch einmal weit aufreißen. – Wir schauen nach rechts – nach links – nach oben – nach unten – und lassen den Blick kreisen. Jetzt ent-spannen wir die Augenpartie und lassen die Lider ganz leicht auf die Augäpfel sinken. – Alle Augenmuskeln sind nun entspannt.

Übung 13

Nun runzeln wir die Stirn, wir ziehen sie in Falten und beobach-ten, wie die Spannung sich ausbreitet in den Schläfen – in der Kopfhaut. – Und nun entspannen wir die Stirn. Wir lassen sie ganz locker und glatt werden. – Schläfen und Kopfhaut entspan-nen sich ebenfalls, und angenehme wohlige Entspannung kann sich nun im ganzen Gesicht ausbreiten – mehr und mehr.

Übung 14

Damit sich die Entspannung im ganzen Körper vertieft, lächeln wir – mit den Augen und mit dem Mund. Lächeln entspannt und stimmt uns freundlich. Und dabei lassen wir uns Zeit – und mehr und mehr gehen – sich einfach mal loslassen und die Entspan-nung genießen. – Fragen Sie sich doch einmal: Wie fühle ich mich jetzt?

Autogenes Training (Kurzversion)

Durch die Ruheeinstellung des Autogenen Trainings können wir nun die Entspannungstiefe noch weiter festigen. „Ich bin ganz ruhig" lassen wir von oben nach unten in den Körper einsinken und folgen dieser Einstellung mit unserer Beobachtung. „Ich bin ganz ruhig.", – „Ich bin ganz ruhig." – Wiederholen Sie diese Worte selbst noch ein paarmal. – – Lassen Sie Ruhe entstehen –

ohne Willensanstrengung. Versuchen Sie Ruhe zu finden. – Spüren Sie, wie sich das Gefühl der Ruhe in Ihrem ganzen Körper ausbreitet. Lassen Sie sich Zeit, um das Gefühl der Ruhe zu genießen. – –

Wenn Sie noch ein wenig sitzenbleiben möchten, tun Sie das. – –

Fit für Ihren Alltag werden Sie durch Strecken und Dehnen. Lassen Sie ein herzhaftes Gähnen zu.

Nach dem Training: Machen Sie sich Ihre Gedanken!

- Was hat mir dieses Training persönlich gebracht?
- Was werde ich für mich verwenden?
- Worauf werde ich künftig besser achten?

Literaturhinweise

Bernstein, Douglas A.: Entspannungstraining. Handbuch der „Progressiven Muskelentspannung", München

Burkhart, Peter: Entspannung, Mosaik, München

Jacobsen, Edmund: Lassen Sie sich Zeit, Stuttgart

Spachtholz, Barbara: Aktiv entspannen (Tonkass.), München

Autogenes
Training

5

Die klassische Entspannungsmethode

Das Autogene Training ist heute weltbekannt. Zunächst nur in der Psychotherapie und in der Medizin angewandt, wird das Autogene Training in zunehmendem Maße in der Gesundheitsbildung bevorzugt.

Kultureller Hintergrund

Das Autogene Training wurde von Johannes Heinrich Schultz, einem Berliner Nervenarzt, in den Jahren 1908 – 1912 entwickelt. Um diese Methode von der Hypnose deutlich abzugrenzen, nannte er sie „konzentrative Selbstentspannung". Entspannung erfolgt bei dieser Methode durch Selbstsuggestion und systematisches Trainieren.

1928 stellte Schultz der wissenschaftlichen Öffentlichkeit seine Methode als „Autogenes Training" vor. Unter dieser Bezeichnung ist sie auch heute noch bekannt.

Schultz verstand unter dem Autogenen Training mehr als nur Entspannung. Für ihn war es mit einer tiefen Harmonisierung der vegetativen Gesamteinstellung verbunden, einer Umschaltung von auf Leistung programmiertem Nervensystem auf eine auf Erholung und Regeneration ausgerichtete Phase, die vom Übenden als tiefe innere Ruhe und Entspannung erlebt wird. Bei regelmäßiger Übung kann der entspannte Zustand zunehmend schneller und intensiver hergestellt werden. Das Gefühl innerer Ruhe und auch das des Erholtseins halten noch lange nach der Übung an.

Aussagen von Personen mit längerer Übungserfahrung drücken aus, was das Autogene Training bewirken kann:

- „Schon nach drei Monaten war ich meiner selbst sicherer, Ängste vor Theaterbesuchen, Gesellschaften können mich heute nicht mehr bedrücken."

- „Mein Erschrecken vor nicht vorhersehbaren Situationen hat bereits nach einem Kurs „Autogenes Training" nachgelassen. Ich kann mich nun ganz anders darauf einstellen."

- „Ich habe wieder Selbstvertrauen, ich weiß, ich kann selber etwas tun, ich fühle mich nicht mehr so ausgeliefert."

- „Vor Auftritten war ich immer sehr nervös, mir zitterten die Hände, selbst mein Mund zitterte, ich hatte kaum Kontrolle über mich. Durch das Autogene Training bin ich sicherer und gelassener, selbst die Erregung sehe ich nun positiv, da sie meine Wachheit und Reaktion fördert."

Wenn Sie glauben, das wäre zu optimistisch dargestellt, dann lassen Sie sich von den wissenschaftlichen Nachweisen überzeugen.

Die Auswirkungen

Psychosomatisch beeinträchtigte Personen nahmen an einem Volkshochschulkurs für Autogenes Training teil, der sich über ein halbes Jahr erstreckte. Ergebnisse:

- Bereits nach der 4. Stunde wurde die körperliche Entspannung deutlich gespürt.

- Nach der 7. Stunde wurde auch die seelische Entspannung bewußt.

- Nach der 9. Stunde wurde auch noch lange nach den Stunden eine deutliche körperliche und seelische Entspannung empfunden.

- Ängste, Nervosität, Depressivität nahmen im weiteren Verlauf des Trainings deutlich ab.

- Besonders die Teilnehmer, die täglich trainierten, konnten ihren Alltag nun viel besser bewältigen.

Der Autor und Arzt Dr. Christoph Schenk untersuchte Kinder mit schweren Ein- und Durchschlafstörungen sowie nervöser Übererregbarkeit. Nach einem über sechs Monate gehenden Autogenen Training ergab sich bei 83 % der Kinder eine deutliche Besserung der Schlafschwierigkeiten. Auch Streßerscheinungen wie Ängste oder Kopfschmerzen vor Schulaufgaben, Klassenarbeiten nahmen ab. Die Konzentration und die Schulleistungen verbesserten sich deutlich.

Inzwischen gibt es zahlreiche Studien darüber, welche Wirkungen durch Autogenes Training erzielt werden können. Das Beste ist jedoch immer, sich selbst davon zu überzeugen.

Ziele in der Gesundheitsbildung

Nach dem Abbau von streßbedingten Verspannungen führt die Praxis des Autogenen Trainings zu einer deutlich verbesserten körperlichen und geistigen Leistungsfähigkeit. Gerade wegen dieser stabilisierenden Wirkung ist das Autogene Training zu einem wichtigen Bestandteil moderner Psychotherapie geworden.

Auf der einen Seite dient es dem Kranken zur Stabilisierung seiner seelischen Bewußtseinslage und zu seiner weiteren Persönlichkeitsentfaltung, auf der anderen Seite dient es dem Gesunden, mit dem Alltagsstreß besser umzugehen und sich gesunde Verhaltensweisen anzueignen. In der Gesundheitsbildung nimmt das Autogene Training deshalb einen hohen Stellenwert ein.

Bereits wenige Minuten der inneren Versenkung genügen, um einen deutlich spürbaren Erholungseffekt zu bewirken. Über den

Entspannungseffekt hinaus führt regelmäßiges Training insgesamt zu einer größeren körperlichen und seelischen Belastbarkeit. Der autogen Trainierte ist auch im Alltag ruhiger und gelassener.

Wichtig: So wie die konzentrierte Vorstellung von Schwere und Wärme zur Entspannung führt, so besteht auch die Möglichkeit, sich in der autogenen Versenkung persönliche Ziele in der Lebensgestaltung oder in der Persönlichkeitsentwicklung vorzustellen und sie durch suggestive Anweisungen im Unterbewußtsein zu verankern.

Jedoch setzt dieses verhaltensverändernde Training die Beherrschung der Grundstufe des Autogenen Trainings voraus.

Hinweise zur Übungspraxis

Beim Autogenen Training wird zwischen Grund- oder Unter- und Oberstufe unterschieden.

Grundstufe – Ziel = körperlich-seelische Entspannung

Die Grundstufenübungen zielen auf die Beruhigung des sympathischen Nervensystems und damit auf die Beruhigung der Körpervorgänge ab. Der Körper schaltet nun auf die Ruhe- und Erholungsphase.

Für die Unterstufe wirkt sich die Gruppenatmosphäre günstig aus, denn jeder fühlt sich in seinem Bemühen durch die Übungserfahrungen der übrigen Gruppenmitglieder unterstützt.

Wichtig ist, dem Übenden Zeit zu geben, die vorgesprochenen Formeln für sich selbst zu wiederholen, mental oder auch leise gesprochen. Sonst gewöhnt sich der Übende an das Vorsprechen, und zu Hause – beim eigenständigen Üben – klappt es dann nicht.

Oberstufe – Ziel = Selbstverwirklichung in der persönlichen Entwicklung

Sie setzt die Grundstufe voraus und führt darüber hinaus in die Möglichkeit, durch meditative Versenkungszustände Gefühlsblokkaden zu begegnen und sie aufzulösen. Das intensive Erleben dieser Eigengefühle bewirkt eine positive Bewältigung von Konfliktsituationen, die mit großen Ängsten verbunden sind.

Diese Methode eignet sich nur bedingt für Gruppen und bedarf auch einer verhaltenstherapeutisch geschulten Fachkraft.

Praxis-Tip:

■ Legen Sie großen Wert auf das selbständige Üben – ohne Tonträger und Musik.

■ Ausnahme: Zur Einstimmung oder zum Ausklang der Stunde können Sie Musik einsetzen.

Grundsätzliches vor dem Üben

■ Für eine gute Viertelstunde sollten Sie dafür sorgen, nicht gestört zu werden.

■ Auch der volle Bauch trainiert nicht gern.

■ Sorgen Sie dafür, daß Sie nichts drückt (z. B. der Gürtel, die Schuhe).

■ Helle Lichtquellen sollten Sie vermeiden.

■ Haben Sie die Möglichkeit, sich hinzulegen, dann wählen Sie die Rückenlage.

■ Ein bequemer Stuhl als Alternative – lehnen Sie sich bequem zurück.

Die Originalform

Das Autogene Training wird nach Schultz in insgesamt sechs Übungen nacheinander aufbauend erlernt:

- Schwereübung (Muskelentspannung)
- Wärmeübung (Gefäßentspannung)
- Atemübung
- Herzübung
- Bauchübung (Sonnengeflecht)
- Kopfübung (Stirnkühle)

Dreimal täglich 14 Tage lang konzentriert man sich auf die erste Übungsformel, zwei Minuten lang: „Der rechte Arm ist ganz schwer."

Das Schweregefühl, das sich im Übungsarm einstellt, wird sich im Laufe des Übens auf den anderen Arm und schließlich auf den ganzen Körper ausbreiten (Generalisierung). Danach schließt sich die Wärmeeinstellung an. Eine Woche lang dreimal täglich: „Der rechte Arm ist angenehm warm."

- Die Atemeinstellung: „Atem ruhig und gleichmäßig."
  Eine Woche lang dreimal täglich zwei Minuten.

- Die Herzeinstellung: „Herz ruhig und regelmäßig."
  Eine Woche lang dreimal täglich zwei Minuten.

- Die Baucheinstellung: „Sonnengeflecht* angenehm warm."
  Eine Woche lang dreimal täglich zwei Minuten.

- Die Kopfeinstellung: „Stirn angenehm kühl."
  Eine Woche lang dreimal täglich zwei Minuten.

---

* Hochempfindliches Nervengeflecht, welches auf alle von außen und innen auftretenden Einflüsse vegetativ reagiert.

Schließlich werden alle Übungen nacheinander in einer Sitzung durchgeführt, die nun etwa 15 Minuten dauert. Nach Belieben kann diese Zeit ausgedehnt werden.

Inzwischen ist durch die weite Verbreitung des Autogenen Trainings die Grundmethode vielerorts verändert worden. Ich selber habe festgestellt, daß bei begrenzten Klinik- und Kuraufenthalten in offenen Gruppen sich bewährt hat, alle Übungseinstellungen auf einmal zu trainieren.

Bei Kindern hat sich eine verkürzte Methode bewährt: Schwere-, Wärme- und die Atemeinstellung.

Die entspannende Wirkung ist trotzdem vorhanden. In dem nachfolgenden Kurzprogramm stelle ich Ihnen eine Form vor, die Körperbewegungen einbezieht. Besonders diese Form, so fanden viele Kursteilnehmer (vor allem Klinikpatienten), hat ihnen den Einstieg ins Autogene Training sehr erleichtert.

Wer kann teilnehmen?

Grundsätzlich jeder. – Kinder sind meiner Meinung nach schon ab dem 4. Lebensjahr in der Lage, Autogenes Training zu erlernen – selbstverständlich in spielerischer Form, z. B. Märchen, in denen die Formeln eingebaut sind. Eine obere Altersgrenze gibt es nicht. Die geistige Verfassung entscheidet. Kranke mit Zwängen, Psychosen, Neurosen oder starken Depressionen könnten aber überfordert werden.

Ich persönlich habe die Erfahrung gemacht, daß bei günstiger medikamentöser Einstellung und selbstverständlich nach Absprache mit dem behandelnden Arzt eine etwas vereinfachte Form des Autogenen Trainings, kombiniert mit leichter Muskelrelaxation und sanften Tiefatemübungen, nicht nur entspannend, sondern eher ausgleichend wirkt. Dazu kommt das Gefühl, „ich kann etwas bewirken, ich kann mir helfen". Die Bereitschaft des

Patienten, an seiner eigenen Heilung mitzuarbeiten, wird auf diese Weise deutlich gefördert.

Viele Veröffentlichungen enthalten noch den Hinweis, daß ärztliche Aufsicht beim Erlernen notwendig sei, weil es bei der Umschaltung zu Herz-Kreislauf-Störungen kommen könnte. Heute wird dies nicht mehr generell gefordert!

Praxis-Tip:

Ich selbst habe in Herzgruppen, also Gruppen herzgeschädigter Menschen, feststellen können, daß das Autogene Training, verbunden mit der Atementspannung, die körperlich-seelische Bewußtseinslage nicht nur stabilisieren kann, sondern sie auch belastbarer macht.

Kurzprogramm: Muskelrelaxation und Autogenes Training (vollständige Version)

Wir beginnen wieder mit der Muskelrelaxation und konzentrieren uns dann auf das Autogene Training in seinem gesamten Übungsverlauf.

Muskelrelaxation

Übung: Ganzkörperanspannung in der Sitzhaltung

Wie wir die Übung ausführen:

- Beine anspannen.
- Fußspitzen nach oben anwinkeln.
- Bauch einziehen.

- Fäuste ballen.

- Arme angewinkelt anspannen.

Was wir dabei beachten:

- Dem Spannungsgefühl nachspüren.

- Entspannen Sie sich dann und fühlen nach, mit welchem Wohlgefühl Entspannung verbunden ist.

Autogenes Training

Wir beginnen mit der Grundeinstellung – Ruhe. Damit im Vegetativum diese Umschaltung auf die Ruhe- und Erholungsphase des Körpers gelingt, müssen wir uns gedanklich darauf einstellen.

Diese gedankliche Einstellung und die suggestive Vorstellung des Gefühls Ruhe sind sozusagen der Boden, auf dem die körperliche Umschaltung zur Ruhe gedeihen kann.

Lassen Sie nun den Satz „Ich bin ganz ruhig" mehrmals in den Körper hineinsinken. Binden Sie ihn gedanklich in die Atemphase ein. „Ich bin ganz ruhig. – Ich bin ganz ruhig." – Spüren Sie den Worten nach. – Stellen Sie sich vor, daß sich Ruhe und Gelassenheit im ganzen Körper ausbreiten können.

> **Praxis-Tip:**
> Erinnern Sie sich an eine Situation, in der Sie sich sehr ruhig fühlten, oder tauchen Sie gedanklich in eine Ruhe vermittelnde Landschaft ein.

Übung 1: Schwereeinstellung

Die Schwereeinstellung macht uns bewußt, wie sich entspannte Glieder anfühlen. – Schwer – Der rechte Arm hebt sich wie von selbst hoch, so als würde er von einem Faden, wie bei einer Marionette, hochgezogen – und nun ganz locker wieder sinken lassen. Wie fühlt er sich für Sie nun an – schwer – locker – entspannt? Sicher ganz anders als der linke. Nun hebt sich auch der linke Arm ein wenig hoch – und wieder sinken lassen – ganz schwer werden lassen. – Nachspüren, und nun die Schwereeinstellung. „Die Arme sind ganz schwer, – Arme ganz schwer." Wiederholen Sie diesen Satz noch drei- bis viermal. – Nun ziehen wir das rechte Bein ganz leicht vom Boden hoch, dabei bleibt es ganz entspannt – und ganz schwer wieder sinken lassen – und nun das linke Bein – hochziehen – und sinken lassen. Wie fühlen sich Ihre Beine jetzt an? Locker und entspannt? Bestätigen wir diese Empfindungen: „Die Beine sind ganz schwer – Beine ganz schwer." Wiederholen Sie diesen Satz ohne Bewegungen selbst noch ein paar Mal und spüren dem Gefühl der Schwere nach.

Übung 2: Wärmeeinstellung

Entspannte Glieder sind nicht nur schwer, sondern auch warm, denn sie werden besser durchblutet. Und damit wir dies auch wirklich gut spüren können, ballen wir zunächst einmal Fäuste und krallen die Zehen ein – nun die Zehen und Finger spreizen und wiederholen – Hände und Füße nun wieder ganz entspannen. – Können Sie die angenehme Wärme spüren, die sich in Ihren Händen – in jedem einzelnen Finger, in den Zehen, in Ihren Füßen ausbreiten kann. – Nun die Wärmeeinstellung. „Die Arme sind angenehm warm – Beine sind angenehm warm." Wiederholen Sie dies selbst noch drei- bis viermal und schließen ab: „Der ganze Körper ist angenehm warm und gut durchblutet."

Praxis-Tip:

Später werden Sie die Bewegungen nicht mehr brauchen. Ihre mentale Einstellung genügt, um die Wärmeempfindung zu vertiefen.

Übung 3: Atemeinstellung

Für die Ruheeinstellung des Atems begleiten wir unsere Ein- und Ausatemwelle zunächst mit den Händen. Wir holen den Atem ein (Hände, Handflächen zum Körper führen) und geben ihn ab (Hände nach außen weg vom Körper führen), einholen – und abgeben. – Nicht den Atem führen – ihn nur begleiten und auf den eigenen Rhythmus achten. Spüren Sie ihm nach – lassen Sie es ganz ruhig und gleichmäßig in sich atmen. Nun die Atemeinstellung ohne Armbegleitung: „Die Atmung ist ruhig – und gleichmäßig – Atmung ruhig und gleichmäßig." – Wiederholen Sie dies selbst noch einige Male.

Übung 4: Herzeinstellung

Atem- und Herzrhythmus lassen sich nicht trennen. Ist der Atem ruhig, ist es das Herz auch. Damit wir das spüren können, legen Sie doch eine Hand auf Ihre Brust und die andere auf den Nabel. Spüren Sie in sich hinein – mit Ruhe und Vertrauen auf Ihren gesunden Lebensrhythmus – und nun die Herzeinstellung: „Das Herz schlägt ruhig und regelmäßig – Herz schlägt ruhig und regelmäßig." Wiederholen Sie dies selbst noch einige Male.

Übung 5: Sonnengeflechtseinstellung

Auch Ihr Sonnengeflecht hat sich nun beruhigt und entspannt. Wir legen die Hand, die uns am wärmsten vorkommt, sanft auf den Oberbauch und spüren der angenehmen Wärmeströmung nach, die sich nun im gesamten Bauchraum wohltuend ausbreiten kann. – Das Sonnengeflecht, auch als Solarplexus bekannt, ist ein hochempfindliches Nervengeflecht, und gilt als Gefühlsübermittler an die Organe. Kommt es zur Entspannung, beruhigen sich alle Körpervorgänge. – Und nun die Einstellung: „Das Sonnengeflecht ist strömend warm. – Sonnengeflecht ist strömend warm." Wiederholen Sie dies selbst noch einige Male.

Übung 6: Kopfeinstellung

Nun lenken wir die Aufmerksamkeit auf den Nasenwurzelpunkt in der Stirnmitte zwischen den Augenbrauen. Nehmen Sie Ihren kühlen – frischen Einatemstrom wahr – bis hoch in die Stirn, spüren Sie ihm nach. – Lassen Sie dann die warme Ausatemluft angenehm leicht ganz passiv ausströmen. – Stellen Sie sich vor, die frische Kühle des Atems ist wie ein kühler Windhauch, der den Kopf ganz klar werden läßt. Wir bleiben sehr aufmerksam in unserer Stirn. – Nun die Einstellung: „Die Stirn ist angenehm kühl – Stirn angenehm kühl." Wiederholen Sie dies selbst noch einige Male. – Lassen Sie sich dabei an Ihren angenehmen Ruheort treiben, wo immer er sich auch befindet. In Ihrem Geist ist er immer präsent. Nehmen Sie ihn mit allen Sinnen wahr. Lassen Sie sich Zeit. Tanken Sie auf. – Wir beenden unseren kleinen Ausflug und das Training – kehren zurück – zählen bis drei – eins – zwei – drei – öffnen die Augen – wecken den Körper durch Strecken und Dehnen. – Lassen Sie sich Zeit für Ihre Empfindungen.

Nach dem Training: Machen Sie sich Ihre Gedanken!

- Was hat mir dieses Training persönlich gebracht?
- Was werde ich für mich verwenden?
- Worauf werde ich künftig besser achten?

Literaturhinweise

Alke, Harald: Lebensfreude und Erfolg durch Autogenes Training und Psychokybernetik, Niedernhausen

Binder, Hellmut/Binder, Klaus: Autogenes Training – Basispsychotherapeutikum, Köln

Kirchner, Gerhard: Autogenes Training für jedermann. Die Basis für körperlich-seelische Gesundheit, München

Autogenes Training

Krug, Jürgen: Das Autogene Training. Wie man Entspannung, Ruhe, Gesundheit gewinnt, München

Langen, Dietrich: Autogenes Training. 3x täglich zwei Minuten, München

Schenk, Dr. med. Christoph: Streß bewältigen durch Entspannung, Niedernhausen

Schultz, Johannes H./Langen, Dietrich: Übungsheft für das Autogene Training, Stuttgart

Spachtholz, Barbara: Autogenes Training für Kinder, München

Yoga

6

Ein Übungsweg zum Selbst-bewußt-Sein

Das Angebot an Yoga-Kursen beschränkt sich oft auf die gesundheitliche Seite, wobei der tiefere Sinn, die geistige Entwicklung verlorengeht. Im Gegensatz dazu finden sich viele geistige Übungswege, denen die körperlichen Erfahrungswerte fehlen. Wichtig ist jedoch beides – die Entwicklung der Ganzheit des Menschen.

Yoga bezeichnet ursprünglich eines der sechs philosophischen Systeme des alten Indien und ist zugleich Sammelbegriff für die verschiedenen methodischen Übungswege, die in ihm aufgezeigt werden. Das gemeinsame Ziel der verschiedenen Yoga-Wege ist die langsame Bewußtwerdung aller Bereiche des menschlichen Lebens, von den körperlichen Aspekten bis hin zu den seelisch-geistigen Grundeigenschaften und deren Verwirklichung im täglichen Leben.

Wichtig: Ziel ist Selbst-Findung, Selbst-bewußt-Sein, Selbst-Verwirklichung.

In der westlichen Hemisphäre wird bei dem Begriff Yoga meist nur an Hatha-Yoga gedacht. Die in diesem Übungsweg enthaltenen Körperhaltungen werden vor allem wegen ihrer ausgezeichneten gesundheitlichen Wirkung ausgeführt. Körperliche Gesundheit ist jedoch nur ein Teilziel des Yoga, sozusagen ein wertvolles Nebenprodukt. Ursprünglich geht es auch beim Hatha-Yoga um die Erkenntnis und Erfahrung der geistig-seelischen Seite von uns, also um die Erfahrung des ganzen Menschen.

Transparenz der Bewußtseinsvorgänge

Richtig ausgeführt, das heißt die einzelnen Schritte beim Einnehmen und beim Auflösen der Haltung beachtend, bewirken diese Körperhaltungen Bewußtseinsvorgänge, die ein vertieftes Erleben der feineren Lebensformen seiner Selbst vermittelt.

Die Folge jeder Selbst-Erfahrung ist eine bewußtere Haltung der Umwelt gegenüber. Die durch Yoga entstehende vertiefte Erlebnisfähigkeit und die Erkenntnis der körperlich-geistig-seelischen Zusammenhänge hebt den Menschen auf eine Ebene des Verstehens, die ein friedvolleres, harmonischeres Miteinander ermöglicht.

Yoga bedeutet frei übersetzt „ Joch-Vereinigung" oder „Rückverbindung zum Selbst", wie immer wir die Vereinigung aller Teilaspekte unseres Lebens mit dem Einen Leben, das durch alle Formen fließt, umschreiben möchten. Es handelt sich immer um einen Prozeß der Ganzwerdung, um das Bewußtwerden und Verwirklichen jener zu uns gehörenden Bereiche, die uns nicht bewußt sind.

Auch wenn wir uns intellektuell immer weiter entwickeln, so sind wir doch mit den inneren Vorgängen in unserem Körper noch wenig vertraut und uns auch nur weniger psychischer Fähigkeiten bewußt.

Besonders der Übungsweg im Yoga vermag diese geistigen inneren Bereiche zu erhellen und die geistig-seelischen Fähigkeiten zu erschließen, zu denen noch kein Zugang besteht.

Achtung: Yoga ist keine Form von Religion oder ein bestimmter Glaube, sondern vielmehr ein Erfahrungsweg.

Das Ziel: Selbstgestaltung des Lebens, innere Freiheit und mehr Lebensfreude

Je begrenzter Vorstellungen, Meinungen und Überzeugungen sind, um so enger und isolierter bleiben die Lebensinhalte. Selbst wenn materielle Fülle und ausreichender Lebensraum zur Verfügung stehen, wird das obige Ursache- und Wirkungsprinzip zutreffen.

Oft wird Bewußtsein gleichgesetzt mit physischer Wachheit, mit logischem Denken, Wissen oder mit dem gesunden Menschenverstand, der seine Überzeugungen so überzeugend vertreten kann.

Die Yogalehre meint jedoch ein tieferes Wissen um die Zusammenhänge vom ganzen Sein des Menschen, das jederzeit gegenwärtig ist und auch erfahren werden kann. Ist diese ganzheitliche Gegenwart des Lebens allmählich bewußt, z. B. durch das Erlernen körperlich-seelischer Zusammenhänge während der Übungshaltungen und das Erspüren dieser, kommt es allmählich zu einer inneren Freiheit.

Diese Freiheit ermöglicht dann die Auswahl der Einflüsse und Eindrücke, vermag die Bewertung seiner selbst oder von Situationen zu verändern und bestimmt auf diese Weise das psychisch-physische Erleben.

Die Opferrolle der Fremdbestimmung, das Ausgeliefertsein an die Umweltbedingungen nimmt dann ab, und das Wertvollste, was wir haben – „unser Leben" – kann nun selbst gestaltet werden.

Wichtig: Einige namhafte Wissenschaftler und Persönlichkeiten, die über ihr eigenes Forschungsgebiet hinaus erkannt haben, daß die Wechselwirkungen der Lebensvorgänge von größter Wichtigkeit sind, sehen in der Bewußtwerdung des ganzheitlichen Menschen die größte Möglichkeit zur Bewältigung der gegenwärtigen Lebensprobleme. Dazu gehört auch die Fähigkeit zur Lebensfreude selbst in widrigen Lebensumständen und unabhängig von Karriere und Wohlstand.

Der Übungsweg des Yoga ist also nicht nur auf Körperhaltung ausgerichtet, sondern erfaßt nach und nach den ganzen Menschen und alle Bereiche seines Daseins.

Laufen Sie nicht dem Glück hinterher – Lernen Sie, es in sich zu finden!

Wann immer wir uns einen Freiraum schaffen wollen – zu Hause, beruflich, finanziell, familiär oder kulturell und dem Glück beziehungsweise dem nachjagen, was wir für Glück halten, suchen wir darin ein tieferes befriedigenderes Erleben.

Das bedeutet zum einen, daß wir der inneren Raumnot entfliehen wollen, die entweder pausenlos mit Fremdeindrücken oder mit Zwängen aus dem eigenen Unterbewußtsein besetzt ist, und zum anderen, daß wir mit der Erlebnisqualität in unserem Leben bisher nicht zufrieden waren.

Wir können dies als absolut positiv und für unsere Entwicklung als notwendig betrachten. Manchmal wählen wir nur die falschen Mittel und Wege, um zu neuen Erfahrungen und Erlebnisinhalten zu kommen. Die innere Resonanzfähigkeit bestimmt die Tiefe und das Ausmaß allen äußeren Erlebens. Umgekehrt vertieft jedes äußere bewußte Erleben die innere Resonanzfähigkeit, Yoga-Haltungen ermöglichen die Bewußtheit dafür. Dies ist zwar ein Lernprozeß, der Arbeit erfordert, doch auch entsprechend bereichert und beschenkt.

Übungspraxis: Die einzelnen Schritte

■ Sich auf die Übung bewußt einstellen, um die körperliche Bereitschaft und die dafür notwendige Energie zu aktivieren.

- Die Übungshaltung langsam und behutsam aufbauen, ohne Leistungsdruck (dynamische Phase). Die Belastungsgrenzen unbedingt beachten!

- In der Haltung bleiben (statische Phase).

  - Die nicht zur Haltung benötigten Muskeln entspannen.

  - Den Atem gedanklich in die angespannten Bereiche lenken, das unterstützt die entspannende Wirkung.

  - Empfindungen und Gefühle zulassen und sie möglichst wertungsfrei beachten.

- Die Haltung langsam auflösen.

- Anschließende Entspannungsphase, d. h. sich Zeit lassen für das Erleben der nun einsetzenden belebenden Wirkung.

Erwarten Sie nicht immer nur ein Wohlgefühl. Der Körper benutzt die Entspannungsphasen, um innere Befindlichkeiten an die Oberfläche unseres Bewußtseins zu befördern, auf der wir sie dann anschauen können.

Praxis-Tip:

Lassen Sie sich Zeit für Ihre Wahrnehmungen! Nehmen Sie dabei die Haltung einer liebevollen Mutter ein, die das Befinden ihres Kindes aufmerksam prüft.

Die Auswirkungen von Hatha-Yoga

In Untersuchungen wurden folgende körperliche Auswirkungen festgestellt:

- Die langsamen Bewegungen dehnen die Muskulatur und entspannen sie somit, wodurch sich die Aktivität des sympathischen Nervensystems vermindert.

- Die Durchblutung wird gefördert. Zum Beispiel vermindern sich Kopfschmerzen aufgrund der Dehnung der sonst angespannten Hals- und Nackenmuskulatur.

- Die Normalisierung der Atmung im Zusammenhang mit den langsamen Bewegungen. Die Beruhigung des Atems führt zur Anregung des parasympathischen Nervensystems und damit zur Entspannung im gesamten Organismus.

- Die Anregung von Organfunktionen. Zum Beispiel werden innere Organe und endokrine Drüsen sowie die Darmperistaltik und Verdauung angeregt, zum Teil durch die Aktivierung von Akkupressurpunkten bei den Übungshaltungen.

- Stimulierung der Nerven, die an der Wirbelsäule austreten und zu den Organen führen.

- Psychosomatische Funktionsstörungen vermindern sich oder verschwinden nach regelmäßigem Üben.

Seelische Auswirkungen

- Deutliche Zunahme des körperlich-geistig-seelischen Wohlbefindens

- Größere seelische Belastbarkeit

- Erleben von innerer Ruhe und Gelassenheit

- Mehr Selbstvertrauen und Selbstakzeptanz

- Größeres Gefühl des Einklangs mit sich selbst und dem Körper

Auswirkungen im Umgang mit anderen

- Weniger Aggressivität, geduldigeres Verhalten

- Weniger kritisierend und bewertend

- Weniger Grübeln und sorgenvolles Denken

- Schnelleres Loslassen von negativen Gedankengängen

- Größere Zentriertheit auf gegenwärtiges Tun und auf gegenwärtige Empfindungen

- Zunahme von Selbstdisziplin, Selbstsicherheit und Selbstwirksamkeit

Längere regelmäßige Yogapraxis führte bei vielen Menschen zu einem gesünderen Lebensstil, z. B. durch Aufgeben des Rauchens und gesündere Ernährung. Auch kann es zu weniger selbstschädigendem Verhalten durch frühes Bewußtwerden von auftretenden Spannungszuständen, liebevolleres Umgehen mit dem Körper und größere Fürsorge für sich selbst kommen.

Erfahrungen von Yoga-Ausübenden

- „Die tiefe Entspannung, die ich in den Yogastunden erlebe, hält noch lange zu Hause an. Ich merke, daß ich meinen Angehörigen viel freier, ruhiger und gelassener gegenübertreten kann."

- „Durch Yoga wurde mir bewußt, daß meine Ängste mit starken Verspannungen verbunden waren. Das regelmäßige Üben hilft mir, damit anders umzugehen. Meine Ängste und die damit verbundenen Schmerzen haben nachgelassen. Ich fühle mich bedeutend wohler."

- „Insgesamt fühle ich mich ausgeglichener. Meine Beweglichkeit hat zugenommen, und ich fühle mich nach dem Übungsabend viel leichter und beschwingter."

- „Die Erfahrungen und Erkenntnisse, die ich durch Yoga mit meinem Körper machen konnte, sind für mich ebenso bedeutend wie eine Gesprächstherapie, die ich vor einigen Jahren machen konnte."

- Eine gemeinsame Aussage von langjährigen Kursteilnehmern: „Meine Persönlichkeit hat sich geändert. Ich lebe anders, bewußter. Ich fühle mich heute als eine Zelle des Friedens inmitten der Unruhe der Außenwelt."

Hinweise zur Übungspraxis

Grundsätzlich sind Yogaübungen für jedermann geeignet, doch:

- Lernen Sie Yoga unter fachlicher Anleitung, so vermeiden Sie fehlerhafte Bewegungen.

- Üben Sie auch zu Hause, nicht nur einmal in der Woche. Hilfreich ist nach der fachlichen Anweisung eine Tonkassette oder ein Video.

- Üben Sie an einem ruhigen Ort und benutzen Sie eine zusammengelegte Decke als Unterlage.

- Wenn es Ihnen möglich ist: Üben Sie stets zur gleichen Zeit. Aufgrund der Gewohnheit fällt es Ihnen dann leichter.

- Üben Sie nicht mit vollem Magen.

- Bewegen Sie sich in bequemer Kleidung.

Praxis-Tip für Lehrende:

■ Passen Sie die Übungen der unterschiedlichen Verfassung der Teilnehmer an. So vermeiden Sie Frustration.

■ Nach den Yoga-Übungen empfehle ich eine kurze meditative Besinnung, entweder auf die entspannten Körperbereiche oder auf den Atem oder auf ein großes Thema, wie z. B. Leben – Liebe – Ruhe – Frieden.

Ich persönlich bevorzuge Yoga vor allen anderen Übungswegen, weil mich diese Bewegungsform vital und aktiv hält, und mir darüber hinaus reiche innere Erfahrungen gebracht hat.

Kurzprogramm: Muskelrelaxation – Yoga – Autogenes Training (Kurzversion)

Aus drei bewährten Entspannungsmethoden habe ich ein Programm zusammengestellt, das sich in optimaler Weise ergänzt. Dadurch finden wir das richtige Gleichgewicht zwischen Anspannung und Entspannung.

■ Durch die Muskelrelaxation, die die Muskeln lockert.

■ Durch anschließende Yogahaltungen, die nicht nur körperlich, sondern auch seelisch entspannend wirken.

■ Und durch das abschließende Autogene Training mit der Einstellungsformel Wärme.

Muskelrelaxation

Übung 1

Wie wir die Übung ausführen:

■ Stehend.

■ Hände mit festem Druck gegen-
einandergelegt über den Kopf
führen. Den Spannungsdruck
halten, und das Spannungsgefühl wahrnehmen.

Was wir dabei beachten:

Der Anspannung nachspüren in den
Armen – Schultern – Rücken.

Wichtig: Langsames Auflösen der
Übung und dem Entspannungs-
gefühl und der nachströmenden
Wärme nachspüren.

Übung 2

Wie wir die Übung ausführen:

- Schrittstellung.

- Rechtes Bein nach vorn.

- Linken Arm gestreckt hochführen.

- Hände anwinkeln.

Was wir dabei beachten:

- Die Hände drücken weit
  nach oben und unten.

- Den Spannungsdruck halten.

- Das Spannungsgefühl wahrnehmen.

- Langsam die Übung auflösen.

- Dem Gefühl der Entspannung und der sich ausbreitenden Wärme nachspüren.

- Die Schrittstellung wechseln und die Übung wiederholen.

Wichtig: Anspannung läßt uns schneller atmen, Entspannung ruhiger.

Yoga

Yoga wirkt in mehrfacher Hinsicht wohltuend, nicht nur entspannend, sondern wir werden auch sensibler für alles, was mit uns zusammenhängt. – Eine Streckhaltung macht den Anfang.

Übung 1

Wie wir die Übung ausführen:

- In der Rückenlage.

- Rechten Arm nach hinten strecken.

- Dehnen Sie den Arm weit nach hinten, die rechte Rumpfseite drehen und das rechte Bein.

Was wir dabei beachten:

- Alle Körperempfindungen

- Die Übung nur so lange halten, als angenehm; dabei versuchen, langsam und ruhig zu atmen.

- Vor dem Seitenwechsel sich gut entspannen und den Unterschied zur ungeübten Seite wahrnehmen.

Yogahaltungen sind wechselwirksam. So ist es wichtig, die Übungszyklen so zusammenzustellen, daß eine optimale Wirkung erzielt werden kann. Diese Übungen z. B. lockern und entspannen den Rücken. Die folgenden Haltungen ergänzen sich somit.

Übung 2: Drehhaltung

Wie wir die Übung ausführen:

- Die Arme in Schulterhöhe ausbreiten.

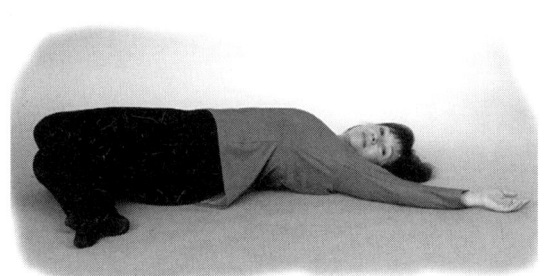

- Die Füße stehen vor dem Gesäß auf.

- Durch leichten Fußdruck zum Boden den Rücken abflachen.

- Die Knie zur rechten Bodenseite ablegen, das Gesicht schaut zur linken Schulter.

- Der Schultergürtel soll liegenbleiben.

Was wir dabei beachten:

- Durch bewußt langsames Ausatmen die Drehbewegung vertiefen.

- In der Übungshaltung entspannen, d. h. alle nicht benötigten Muskeln lösen.

Praxis-Tip:
Freundliches Lächeln mit Augen und Mund entspannt automatisch und vertieft die Atmung.

Wichtig: Langsames Auflösung der Übung und abschließendes Wahrnehmen aller Empfindungen während der Entspannungsphase; Seitenwechsel und Übungswiederholung.

Übung 3: Fisch-Variante

Wie wir die Übung ausführen:

- In der Rückenlage.

- Füße vor dem Gesäß aufsetzen.

- Knie auseinandersinken lassen.

- Brust weit hochwölben.

- Hohlkreuz bilden.

- Kopf leicht nach hinten drücken.

Was wir dabei beachten:

- Durch beide Nasenöffnungen langsam und bewußt den Luftstrom einsaugen und ruhig ausströmen lassen.

Wichtig:

- Sich während der Haltung soweit entspannen wie möglich.

- Lassen Sie alles los, was Sie nicht brauchen.

- Beenden Sie diese Übung langsam und spüren Sie Ihren Empfindungen nach.

Übung 4: Wiege-Übung

Wie wir die Übung ausführen:

- In der Rückenlage.

- Knie auf dem Bauch mit den Händen umfassen.

- Sanftes Schaukeln nach links und rechts.

Was wir dabei beachten:

- Freundliches Lächeln vertieft die Entspannung.

Wichtig: Langsames Beenden der Übung und nachspüren.

Autogenes Training

Stellen Sie sich vor, Sie liegen in der Sonne, angenehme Wärme durchströmt Sie wohltuend. Ihr Körper nimmt den warmen Sonnenregen dankbar an. Mit jedem Einatmen empfangen Sie das goldene Licht der Sonne und mit jedem Ausatmen verströmt es sich in Ihnen – erfüllt Ihren Körper – durchströmt belebend jede Zelle – strömt durch die Haut in die Umgebung – bis Sie mit lichtvoller, angenehmer Wärme nicht nur erfüllt, sondern auch liebevoll umhüllt werden. – – Durch die Wärmeeinstellung des Autogenen Trainings können Sie Ihre Empfindungen nur noch vertiefen: „Arme und Beine sind angenehm warm. Der ganze Körper ist angenehm warm." Wiederholen Sie das selbst noch drei- bis viermal. Wenn Sie nun noch ein wenig liegenbleiben möchten, tun Sie das. Fit für den Alltag werden Sie durch Dehnen und Strecken.

Praxis-Tip:

Sich ruhiger und gelassener zu fühlen, ist sicherlich ein erstes Ergebnis des Entspannungstrainings. Regelmäßiges Trainieren erst läßt Ruhe und Gelassenheit wieder zu einem festen Bestandteil unseres Lebens werden.

Nach dem Training: Machen Sie sich Ihre Gedanken!

- Was hat mir dieses Training gebracht?
- Was werde ich für mich verwenden?
- Worauf werde ich künftig besser achten?

Literaturhinweise

Clerc, Roger: Grundlagen des Yoga der Energie, Petersberg

Handbuch Yoga-Gymnastik, Christian Vlg., München

Hirschi, Gertrud: Yoga für Seele, Geist und Körper, Freiburg

Die „Iyengar Methode", Christian Vlg., München

Radha, Swami Sirananda: Geheimnis Hatha Yoga, Bauer Vlg., Freiburg

Spachtholz, Barbara: Relax-Video, Bayerisches Fernsehen

Spachtholz, Barbara: Surya Marga, Trias

Spachtholz, Barbara: Yoga. Bewußt bewegen, Richtig atmen, Sinnvoll entspannen (Videokass.), München

Wieland, Helmtrud: Das Spektrum des Yoga, Gladenbach

Atemtraining –
Atementspannung

7

Kultureller Hintergrund

Als therapeutisches Medium wurde der Atem sehr früh entdeckt.

- In den Schriften der altchinesischen Atemlehre wurde schon darauf hingewiesen, daß der Atem das Bindeglied zwischen Körper und Seele ist und daß durch bestimmte Atemübungen eine Integration von Körper und Seele angestrebt werden kann.

- In der ägyptischen Mythologie wird von einem Gott des Atems berichtet, der die Aufrechterhaltung der Verbindung mit Gott und den Menschen zur Aufgabe hatte.

- Auch im Yoga gibt es ein System, das mit ganz speziellen Atemtechniken arbeitet: „Prana Yama". Prana frei übersetzt als Lebenskraft, sozusagen die subtilere Form des Atems, und Yama als Gebot der Lenkung. Für den heutigen europäischen Menschen sind diese Übungen nur unter fachlicher Leitung zu empfehlen, da sie sonst gesundheitsschädliche Wirkungen haben könnten.

- Der berühmte griechische Philosoph und Arzt Hippokrates weist die Atmung neben dem Herzschlag als wertvollsten Rhythmus der Erde aus. Dr. Ludwig Schmitt, Heribert Krauß, Dr. Julius Parow, um nur einige zu nennen, haben sich im deutschen Sprachraum mit der Atmung und ihren therapeutischen Behandlungsmöglichkeiten auseinandergesetzt. Das umfassendste Grundlagenwerk wurde von Dr. Ludwig Schmitt veröffentlicht.

Atmen Sie sich gesund!

Wenn wir Streßsituationen erleben, die wir als belastend oder unsicher empfinden, dann ändert sich mit der Aktivierung des sympathischen Nervensystems auch unsere Atmung. Es kommt zu einer schnelleren, flacheren und unregelmäßigen Brustatmung. Wahrscheinlich haben Sie dies selbst schon bei sich festgestellt; bei einem spannenden Film stellt sich beispielsweise der Atemvorgang auf die in Ihnen ablaufenden Gefühle ein, zeitweilig hielten Sie vor Spannung den Atem an.

Als Körpervorgang reguliert sich der Atem selbst und wird vom vegetativen Nervensystem überwacht, das seinen Ablauf sicherstellt. Einfluß auf die Atmung haben jedoch auch Funktionsbereiche, die dem willkürlichen Nervensystem unterstehen, z. B. Muskeln, Sehnen, Gelenke. Schon ein Gedanke, eine Vorstellung, Gefühle, wie Freude, Glück, Geborgenheit vertiefen den Atemvorgang und beziehen alle übrigen Körpervorgänge vital ein. Ebenso beeinflußt unsere geistig-seelische Verfassung im negativen Sinn unseren Atemfluß und damit auch den Körper. Unruhe, Unsicherheit, Ängste erhöhen das Erregungsniveau des sympathischen Nervensystems und erzeugen Streß.

Achtung: Der Atem reagiert auf jede Veränderung der Befindlichkeit wie ein Seismograph. Das macht verständlich, warum Menschen unter hoher Streßbelastung oft auch noch mit Atemstörungen zu tun haben.

Folgen sind immer geringer werdendes Atemvolumen oder gepreßter Krampf- oder Angstatem in der Ausatmung (Flachatmung), bei der nur der obere und mittlere Brustbereich versorgt werden, oder in der Schlüsselbeinatmung (Angstatmung), einer ganz oberflächlichen und unzureichenden Atemversorgung.

Die wachsenden seelischen Spannungen, resultierend aus notwendig gewordenen Veränderungen der Lebensgewohnheiten, führen zudem zu Verspannungen in der Muskulatur. Das äußere Erscheinungsbild verändert sich ebenfalls. Die zunächst eingenommene Schonhaltung wird zur Fehlhaltung und später zur Gewohnheit. Wie schon erwähnt, hängt jedoch der freie Atemfluß auch von der Beschaffenheit der Muskulatur (verspannt oder nicht verspannt, zum Teil auch von der Flexibilität) und der Möglichkeit, den Körper aufrecht zu halten, ab.

Auf die Qualität des Atems kommt es an

Der durch falsches Atmen entstehende Sauerstoffmangel – in Zusammenhang mit Funktionsstörungen in Atmung, Kreislauf und Drüsensystemen – ist unter anderem Ursache für eine Unterversorgung der Organe und Zellen mit Sauerstoff. Eine Unterbrechung der Sauerstoffzufuhr bedeutet das Absterben von Zellen, und die ungenügende Versorgung des Körpers mit Sauerstoff führt zur Einschränkung des Herz-Kreislauf-Systems, die Herzleistung sinkt. Daraus läßt sich erkennen, daß ein bereits geschädigtes Herz doppelt betroffen ist. Und Wirkungen ergeben sich stets in beide Richtungen: von der Atmung auf die Organe und von den Organen auf die Atmung. Unser gesamtes körperliches Wohlgefühl hängt also wesentlich davon ab, ob unsere Atmung zufriedenstellend funktioniert oder ob sie gestört ist.

Die physiologischen Zusammenhänge

Die Atmung ist, sehr vereinfacht ausgedrückt, das Mittel, wodurch der Körper überschüssige Gase (u. a. Kohlendioxid) ausscheidet und sich mit frischen Gasen (u. a. Sauerstoff) versorgt und dabei das Blut als Träger von und zu den Lungen benutzt, wo der Austausch stattfindet.

Das Zwerchfell ist der größte und wichtigste Atemmuskel. Es ist eine sehr fein innervierte Muskelplatte, deren verschiedene Anteile sich gleichzeitig kontrahieren. Diese entspringen pars sternalis (vom Brustbein entspringend), pars costalis (von den Rippen entspringend), pars lumbalis (von den Lendenwirbeln entspringend).

Einatmung

Während der Einatmung senkt sich das kontrahierende Zwerchfell in Richtung Bauchorgane und vergrößert so den Hohlraum der Lunge. Die Brustkorbmuskulatur mit ihren speziellen Atemhilfsmuskeln ist daran beteiligt.

Ausatmung

Während der Ausatmung erschlafft das Zwerchfell und tritt in seine ursprüngliche Kuppelform zurück. Die am Atem beteiligte Hilfsmuskulatur (Intercostalmuskeln) entspannt sich ebenfalls, und der Brustraum verkleinert sich wieder.

Pflegen Sie Ihren natürlichen Atem

Selbst wenn wir verschiedene Atembewegungen wahrnehmen können, es bleibt ein komplexer Vorgang, an dem das Zwerchfell und die Thoraxmuskeln gleichermaßen beteiligt sind. Die verschiedenen Atembewegungen, die wir wahrnehmen, könnten den Eindruck erwecken, daß es verschiedenen Atem gibt. Das ist nicht so, es ist immer die gleiche Bewegung. Doch die Vitalkapazität der Lunge, das Volumen, läßt sich verbessern. Dabei geht es nicht darum, die Atembewegungen bewußt zu verändern, sondern vielmehr darum, den natürlichen Atem zu pflegen. Das heißt, wir müssen uns des unbewußten Atems bewußt werden, des Atems, der auf jeden Eindruck von innen (Gedanken, Gefühle) und von außen (Umwelteinflüsse) sehr sensibel reagiert.

Unbewußt und unbeabsichtigt halten wir häufig an der veränderten Art des Atmens fest, selbst nach dem die Zwischenfälle, die die Störung verursachten, längst vorüber sind. Schlechte Gewohnheiten kann man jedoch nur dann überwinden, wenn man ihrer gewahr wird. Es ist nicht leicht, eingefahrene Gewohnheiten zu verändern, meist überwinden wir sie nur allmählich.

Sobald sich jemand seiner unzureichenden Art des Atmens bewußt wird, fragt er unweigerlich: „Und wie soll ich jetzt atmen?"

Praxis-Tip:

Eine Art zu atmen, die für alle Zeiten richtig und angemessen ist, gibt es nicht. Richtig ist sie, wenn sie so abläuft, daß sie sich frei regeln kann, daß sich die Qualität den Bedürfnissen anpaßt. Laufen erfordert nun mal eine andere Art zu atmen als Schlafen, aufmerksames Zuhören erfordert eine andere Atemqualität, z. B. bei einem wichtigen Gespräch als bei einer beiläufigen Unterhaltung. Zorn läßt uns anders atmen als friedliche Stille.

Deshalb ist ein Ziel des Atemtrainings, das Erleben zu vermitteln, wie der Atem in bestimmten Momenten (z. B. in der Ruhe sowie in der Bewegung) fließt und zu fühlen, ob und wie er gestört sein könnte und vor allem, wodurch er wieder besser funktioniert.

Das Ziel: Die Atementspannung

Meist genügen schon wenige ruhige Atemzüge, um das Erregungsniveau des symphatischen Nervensystems zu dämpfen und die Körpervorgänge zu normalisieren.

In der Atemarbeit ist das Wahrnehmen des Körpergefühls deshalb auch immens wichtig. Je mehr das Körpergefühl beansprucht wird, um so mehr entwickelt es sich. Gewöhnlich wird das Körpergefühl, der sogenannte kinästhetische Sinn, nur mit Schmerz in Verbindung gebracht und gerade die Menschen, die dem gestreßten Verhaltenstyp A angehören, haben eine verzerrte oder verminderte Körperwahrnehmung (Streß macht teilweise empfindungsunfähig).

Es geht also bei den Übungen um sehr viel Körperwahrnehmung. Gefühle des Unwohlseins und des Wohlbefindens sollen wieder wahrgenommen werden. Schließlich brauchen wir das Feedback auf die verschiedenen Übungen, um genau das Richtige für uns herauszufinden.

Ein kleines Atemexperiment bietet nun eine besonders sanfte Möglichkeit, die Ausatmung zu steigern und damit tiefere Atemzüge anzuregen. Lassen wir uns Zeit dabei.

Übung

Hauchen Sie in eine Ihrer Handflächen, so als ob Sie Ihre Brille danach putzen wollten. – Atmen Sie dann durch die Nase wieder ein. Wiederholen Sie dies 10–15mal und lassen Sie sich noch für Körperempfindungen Zeit.

Die Auswirkungen von Atemtraining

In wissenschaftlichen Untersuchungen wurden folgende Auswirkungen festgestellt:

- Deutliche Zunahme an Entspannung durch Normalisierung der Überaktivität des sympathischen Nervensystems
- Deutliche Verbesserung der Körperhaltung
- Mehr Leistungskraft
- Mehr Kondition
- Mehr Gelassenheit bei belastenden Situationen
- Weniger Gereiztheit
- Mehr Konzentrationsfähigkeit

Einer Gruppe von Patienten mit der Diagnose Herzinfarkt, Herzkrankheit, Bypass-Operation und schweren Bandscheibenschäden nahmen während eines Rehabilitationsaufenthaltes in einer Klinik an Übungsstunden zur Atementspannung teil. Bei den Teilnehmern ergab sich eine erhebliche Zunahme von Ruhe, Entspannung und Ausgeglichenheit. Die innere Unruhe, Aggressivität und die Neigung zu quälenden negativen Gedanken und Vorstellungsbildern ließen deutlich nach. Die meisten waren so von der Atementspannung überzeugt, daß sie sie zu Hause fortführen wollten, um zukünftig besser mit Streß umgehen zu können.

Welchen Weg der Atem nimmt

Der Mediziner unterscheidet bei den Atmungsorganen zwischen zwei sogenannten Luftwegen: den oberen und den unteren.

Zum oberen gehören die Nase mit ihren Nebenhöhlen und der Rachen. Über diese oberen Luftwege gelangt die Atemluft aus der Umwelt in den Körper, wird dabei gereinigt, vorgewärmt, befeuchtet und gelangt über den Kehlkopf in die unteren Luftwege.

Die Luftröhre gabelt sich in zwei Hauptäste (Stammbronchien). Jeder der beiden Äste versorgt einen Lungenflügel. Die Stelle, an der die jeweilige Stammbronchie in einen dieser Lungenflügel eintritt, ist die Lungenwurzel (Hilus).

Von dort aus versorgen kleinere Nebenäste (Lappenbronchien) die einzelnen Lungenlappen. Im rechten Lungenflügel sind es drei, im linken dagegen nur zwei Lungenlappen. Dieses ist sehr sinnvoll, denn in der linken Seite des Brustkorbes ist auch der größte Teil des Herzens untergebracht.

Aber weiter auf dem Atemweg: Die Lappenbronchien gehen in viele Segmentbronchien und diese wieder in unzählige Bronchiolen über. Der Atemweg endet in einer riesigen Zahl von winzigen, mikroskopisch kleinen Verzweigungen. An jeder dieser Verzweigungen sitzt ein Lungenbläschen (Alveole).

Die Lunge eines Erwachsenen besitzt etwa acht bis zehn Millionen Alveolen. Dadurch ergibt sich eine sehr große „innere Oberfläche". Könnte man alle Lungenbläschen der Lungen nebeneinander flach ausbreiten, würden sie eine Fläche von etwa 70 m^2 bedecken. Das entspricht ca. dem 30- bis 40fachen der Körperoberfläche.

Die Gesamtheit der Alveolen nimmt die lebenswichtige Aufgabe wahr, mit ihrer großen Austauschfläche Sauerstoff aus der Lunge in die anliegenden Blutgefäße zu überführen und in Gegenrichtung Kohlendioxyd aus den Blutgefäßen abzutransportieren.

Hinweise zur Übungspraxis des Atemtrainings

- Mindestens einmal am Tag sollten Sie an Atemübungen denken und sie auch durchführen. Nur so können Sie sich bei angstvollen, unangenehmen Situationen durch die Atementspannung selbst beruhigen oder das Einschlafen fördern. Atemtraining ist nicht an einen Ort gebunden. Klopfen Sie des öfteren Ihren Brustraum ab, das fördert die Lungenbelüftung.

- Tönen Sie Vokale beim Ausatmen. Die Schwingungen, die Sie auf diese Weise erzeugen, wirken stimulierend auf die verschiedenen Organsysteme ein.

So wirkt das

- I auf Kopf und Rachen

- E auf Hals und Kehlkopf

- Ä auf Schlund und Lungenspitzen

- – A auf oberes Brustgebiet
- – O auf das Herz
- – Ö auf das Zwerchfell, Leber, Magen
- – U auf Unterleibsorgane (Verdauung)
- – Ui auf Nieren und Mastdarm

- Atmen Sie ab und zu riechend oder schnuppernd ein und entlassen Sie die Ausatmung mit einem gehauchten „Ha".

- Keine Atemübungen mit vollem Magen!

Kurzprogramm: Muskelrelaxation – Atemtraining – Autogenes Training (Kurzversion)

Regelmäßiges Entspannungstraining macht uns belastbar und läßt uns in Krisensituationen ruhiger und gelassener reagieren.

Muskelrelaxation

Übung 1

Wie wir die Übung ausführen:

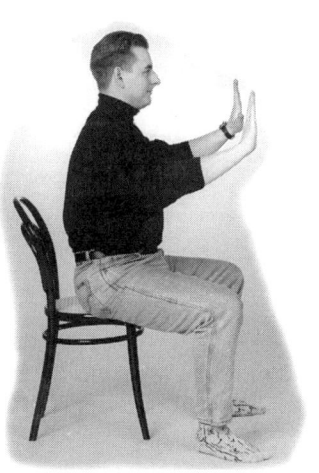

- Aufrechte Sitzhaltung.

- Arme in Schulterhöhe, Hände angewinkelt.

- Rücken fest gegen die Lehne drücken – Anspannung halten.

Was wir dabei beachten:

- Das Spannungsgefühl in allen beanspruchten Muskeln wahrnehmen.

Praxis-Tip:

Sich vorstellen, jemanden abzuwehren oder etwas Schweres wegdrücken zu wollen.

Wichtig:

- Langsames Entspannen bei aufgerichtetem Brustkorb (erhält die aufrechte Haltung).

- Zeit lassen zum Nachspüren des Entspannungsgefühls.

Übung 2: Wechselseitiges Armdehnen

Wie wir die Übung ausführen: Sitzhaltung.

- Linken Arm weit nach oben dehnen.

- Rechten Arm nach unten drücken (Hände angewinkelt).

Was wir dabei beachten:

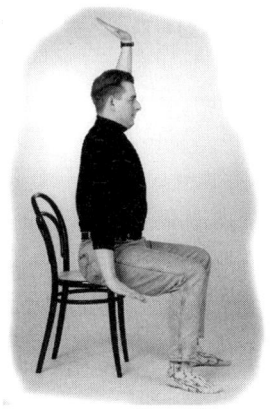

- Dem Spannungsgefühl in der beanspruchten Muskulatur nachspüren.

Wichtig:

- Langsames Entspannen bei aufgerichtetem Brustkorb.

- Lassen Sie sich Zeit, um die Entspannung wahrzunehmen.

- Anschließender Seitenwechsel und Übungswiederholung.

Übung 3: Armdehnung seitwärts

Wie wir die Übung ausführen: Sitzhaltung.

- Arme in Schulterhöhe ausbreiten, Hände nach hinten abwinkeln.

Was wir dabei beachten:

- Den Brustraum gut weiten.

- Das Spannungsgefühl in der Muskulatur wahrnehmen.

Wichtig:

- Langsames Entspannen bei aufgerichtetem Brustkorb.

- Dem Gefühl der Entspannung nachspüren.

Atemtraining

Übung 1

Gähnen als Übung entspannt und bringt mehr Sauerstoff.

Wie wir die Übung ausführen:

Sitzhaltung und die Arme weit nach oben strecken, die Luft durch die Nase stoßweise ansaugen. – Das löst den Gähnreiz aus. Nun den Oberkörper weit vorbeugen und ausatmen.

Was wir dabei beachten:

Laut und seufzend während des Vorbeugens ausatmen. Wiederholen Sie die Übung, so oft Sie wollen.

Übung 2: Abklopfen der Nase

Unsere Nasenfunktion verbessert sich, wenn wir den Nasenbereich leicht abklopfen. – Reinigend wirkt dies auch auf die Nasennebenhöhlen.

Wie wir die Übung ausführen: Sitzhaltung

Die Luft stoßweise ansaugen – durch die Nase einschnüffeln und langsam, fast seufzend ausatmen, dabei leichtes Beklopfen des Nasenraumes mit den Fingerkuppen.

> **Praxis-Tip:**
>
> Auch den gesamten oberen Brustraum beklopfen, dabei durch die Nase einatmen und mit gespitzten Lippen langsam ausatmen. – Die Lunge wird besser belüftet.

Übung 3: Rippen abklopfen

Besser und freier atmen können wir, wenn die Flanken abge-klopft werden.

Wie wir die Übung ausführen:

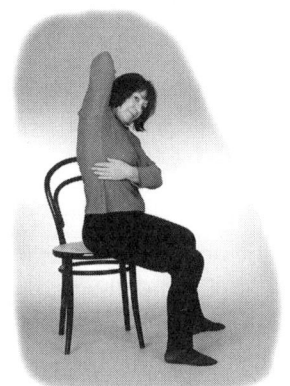

- Sitzhaltung.

- Mit der rechten Hand den Nacken umfasssen – die linke klopft, so lan-ge wir wollen, beim Ausatmen die rechte Flanke ab.

Was wir dabei beachten:

- Mit spitzen Lippen ausatmen, das entlüftet und reinigt die Lunge und entspannt die Atemmuskulatur.

- Langsam beenden und der Seitwärtsbewegung im Brustkorb nachspüren. Anschließender Seitenwechsel.

Übung 4: Flanken reiben

Angenehm warm wird es uns bei der nächsten Übung.

Wie wir die Übung ausführen:

- Wir reiben mit den Handkanten die Flanken von oben (Achsel) nach unten (Hüfte) ab. Die Handbewegungen sind vor- und rückwärts.

Was wir dabei beachten:

- Die Hände abschließend locker an den Rippenkorb legen, sich ganz aufmerk-sam in ihnen sammeln, sich Zeit las-sen, um nachzuspüren und zu ent-spannen.

Übung 5: Beckenkippen und -kreisen

Die Bauchbewegung der Atmung aktivieren wir durch Kippen und Kreisen des Beckens.

Wie wir die Übung ausführen:

- Die Hände locker auf den Unterleib legen – das Brustbein bleibt aufgerichtet.

- Das Becken vor- und zurückkippen – und ganz natürlich dabei atmen. So wird auch die Lendenwirbelsäule beweglicher, auch nach links – und nach rechts – wieder vor und zurück – danach fließend kreisen – solange Sie wollen.

Was wir dabei beachten:

- Die Hände bleiben liegen, um die Atembewegung zu erspüren.

Wichtig: Sich anschließend Zeit lassen für Körperempfindungen.

Praxis-Tip:

Kräftiges Anspannen der Gesäßmuskeln unterstützt diese Bauchbewegung ebenfalls. Die Gesäßmuskeln kräftig anspannen – und wieder loslassen, anspannen – und loslassen – wiederholen Sie, so oft Sie wollen. Ihre Beckenbodenmuskulatur kräftigt sich. Danach entspannen Sie sich – und noch aufmerksam der Atembewegung im Bauch nachspüren.

Übung 6: Atembewußtsein

Diese Übung macht die Atembewegungen in unserem Körper in ihrer Ausdehnung und Zusammenziehung bewußter.

Wie wir die Übung ausführen:

Wir legen einen Arm locker über den Bauch, so daß die Hand auf den unteren Rippen ruht. Die andere Hand ruht im Schoß.

Was wir dabei beachten:

Lassen Sie Ihr Gesicht ganz weich werden, entspannen Sie Ihre Stirn – und lächeln Sie – mit Mund und Augen lächeln – Sie können spüren, daß dieses Lächeln etwas mit der Ruheatmung, unten im Bauch, zu tun hat. Lächeln entspannt uns automatisch und stimmt uns einfach freundlicher.

Praxis-Tip:

Lassen Sie sich Zeit beim Erspüren der Atembewegungen im Bauch, er dehnt sich aus – wenn Sie einatmen und zieht sich nach innen, wenn Sie ausatmen. Die Bewegungen vertiefen sich von ganz allein, wenn wir aufmerksam sind.

Wichtig: Tun Sie nichts dazu – spüren Sie nur den natürlichen Atembewegungen nach – auch der untere Brustraum dehnt sich aus, wenn Sie einatmen – und er zieht sich nach innen, wenn Sie ausatmen. Spüren Sie auch dieser Bewegung nach. – Jeder von uns hat seinen ganz eigenen Rhythmus. – Lassen Sie sich Zeit und beobachten Sie Ihre Atemwelle, wie sie kommt und wieder geht. Immer wieder – Beobachten Sie dabei Ihre Empfindungen.

Autogenes Training

Mit der Atemeinstellung des Autogenen Trainings bestätigen wir nun diesen Rhythmus. „Die Atmung ist ruhig und gleichmäßig" (zweimal wiederholen).

Wiederholen Sie diese Einstellung noch drei- bis viermal. – Wenn Sie die Entspannung genießen wollen, bleiben Sie noch eine Weile sitzen. Fit für Ihren Alltag werden Sie durch Dehnen und Strecken.

Nach dem Training: Machen Sie sich Ihre Gedanken!

- Was hat mir dieses Training persönlich gebracht?
- Was werde ich für mich verwenden?
- Worauf werde ich künftig besser achten?

Hinweise zur Übungspraxis der Atementspannung

- Greifen Sie nicht mit Ihrem Willen in die Art und Weise, wie Sie atmen, ein.

- Lenken Sie Ihre Aufmerksamkeit auf den Atemvorgang und beobachten Sie, wie Sie atmen.

- Dieses Atmen darf Sie nicht anstrengen. Lassen Sie den Atem ohne Druck leicht und locker fließen.

- Durch die Nase atmen! Die Einatmungsströmung beobachten Sie dicht unter dem Nasenrücken in den oberen Nasengängen. Die Ausatemströmung darunter in den unteren Nasengängen.

- Stellen Sie sich vor, daß Sie sich öffnen müssen, um die Einatmung zu empfangen, deshalb „holen Sie sich keine Luft", lassen Sie sie ganz von selbst einströmen.

- Beziehen Sie suggestive Vorstellungsbilder mit ein, z. B. stellen Sie sich den Atemstrom als Lebenskraft vor und beströmen Sie alle Bereiche Ihres Körpers damit oder stellen Sie sich beim Ausatmen vor, daß Schadstoffe oder auch negative Gefühle ausgeatmet werden können.

Kurzprogramm: Muskelrelaxation – Atementspannung – Autogenes Training (Kurzversion)

Wie immer beginnen wir mit der Muskelrelaxation und danach folgt die Atementspannung. Erst durch regelmäßiges Training können wir alte Reaktionsmuster ablegen und neue Gewohnheiten bilden. Das erfordert Zeit und Übung. Abgerundet wird das Programm durch die Herzruhigstellung des Autogenen Trainings.

Muskelrelaxation

Übung 1

Die erste Übung hilft uns, die Muskulatur des Schulter-Nackenbereichs zu entspannen.

Wie wir die Übung ausführen:
Die Arme nach vorn in Schulterhöhe anheben. Die Hände drücken fest ineinander. Das Kinn zunächst weit vorschieben und dann zurück an den Hals ziehen.

Was wir dabei beachten:
Lassen Sie sich Zeit, um den Spannungswechsel zu beachten und für Körperempfindungen.

Übung 2

Die zweite Übung entspannt die Rückenmuskulatur.

Wie wir die Übung ausführen:
Stehend hinter dem Stuhl und die Hände auf der Lehne abstützen. Den Oberkörper leicht, doch gerade vorneigen. – Knie locker angebeugt, das Becken nach hinten kippen.

Was wir dabei beachten:
Die Spannungsphase wahrnehmen. Dann das Becken nach vorne kippen – Spannungsphase wieder wahrnehmen. – Wiederholen Sie die Bewegung noch einmal.

Wichtig: Langsam aufrichten und dem Entspannungsgefühl nachspüren. Entspannung bringt angenehme Wärme.

Atementspannung

Für die Atementspannung nehmen wir eine angenehme, entspannte Haltung ein.

Übung 1: Erste Phase – Schlüsselbeinatmung

Wie wir die Übung ausführen:

Die Hände mit den Fingerspitzen zum Schlüsselbein zeigend auf den oberen Brustraum legen und nun so durch die Nase ein-

atmen, daß sich der Brustkorb beim Einatmen anhebt und beim Ausatmen wieder senkt.

Was wir dabei beachten:

Leicht durch die Nase atmen und dabei die Nasenflügel leicht anziehen. Die Schultern nicht mitbewegen. Atmen Sie ganz leicht ohne Druck beim Anheben ein, – wenn Sie ausatmen, lassen Sie die Luft ebenfalls ganz mühelos langsam entweichen, während Ihr Brustkorb absinkt und dabei leicht einfällt.

Wichtig: Lassen Sie sich Zeit, um diese Atembewegung wahrzunehmen.

Praxis-Tip:

Wenn Sie nach der Ausatmung eine kleine Entspannungspause lassen, werden Sie gleich spüren, daß Ihre Einatmung nun intensiver wird.

Übung 2: Zweite Phase – Brustatmung

Wie wir die Übung ausführen:

Die Hände beiderseits auf die unteren Rippen legen. Die Fingerspitzen zeigen zur Magengrube. Mit ihnen können wir die Ausdehnung des Brustraumes beim Einatmen seitlich spüren, und seine Einziehung – wenn wir ausatmen.

Was wir dabei beachten:

Atmen Sie nun so ein, daß sich diese Aus- und Einwärtsbewegung des Brustkorbs vertieft – ganz ohne Druck – mühelos weich durch die Nase die Luft einriechen. Spitzen Sie Ihre Lippen beim Ausatmen – die Luft entweicht so noch langsamer und Sie können die Bewegungen noch deutlicher spüren. Wiederholen Sie diese Atemphase(n) solange als angenehm.

Praxis-Tip:

Halten Sie die kleine Entspannungspause nach der Ausatmung. – Sie wäre übrigens ganz natürlich vorhanden, wenn wir es nicht immer so eilig hätten.

Übung 3: Dritte Phase – Bauchatmung

Wie wir die Übung ausführen:

Die Hände in Höhe des Nabels auf den Bauch legen.

Was wir dabei beachten:

Zum Ende der Ausatmung zieht sich der Bauch leicht ein und es kommt zur Atempause. Jetzt können Sie den Impuls zur Einatmung spüren und mit ihm die Ausweitung des Bauches nach vorn. – In der Ausatmung wird der Bauch wieder flach.

Wichtig: Ganz ohne Druck atmen – mühelos – leicht – und nur durch die Nase. Beim Einatmen weitet sich der Bauchraum aus und beim Ausatmen zieht sich der Bauch ein. – Achten Sie auf die Atempause. Sie ist für die Ruheausbreitung besonders wichtig.

Praxis-Tip:

Lächeln Sie dabei. Lächeln vertieft die Ruheatmung des Körpers.

Verweilen Sie noch einige Zeit bei dieser entspannenden Atemweise.

Übung 4: Duftatmen mit Kopfnicken

Diese Atem-Übung verhilft zu einem belebenden tiefen und vollen Atem.

Eine Vorstellung hilft uns dabei: Stellen Sie sich Ihre Lieblingsblume vor – senken Sie leicht Ihren Kopf und tauchen Sie Ihre Nase tief in den Blütenkelch ein um den Duft einzuatmen – und verströmen mit dem Ausatmen bei angehobenem Kopf den belebenden Duft in Ihren Körper. – Tauchen Sie immer wieder ein. Den Kopf dabei nach vorne beugen. Genießen Sie einatmend den Duft und verströmen Sie ihn mit einem langen gehauchten „Ahhh" in Ihren ganzen Körper – solange Sie wollen.

Autogenes Training (Kurzversion)

Legen Sie Ihre Hände sanft auf den Bauchnabel und spüren Sie sich aufmerksam in den ruhigen Pulsschlag ein, den Sie hier besonders gut spüren können. Nun die Herzeinstellung des Autogenen Trainings: „Herz ruhig und regelmäßig." Wiederholen Sie diese Einstellung noch drei- bis viermal. Danach ruhen Sie nach – solange Sie wollen. Fit für Ihren Alltag werden Sie durch kräftiges Dehnen und Strecken.

Nach dem Training: Machen Sie sich Ihre Gedanken!

- Was hat mir dieses Training persönlich gebracht?

- Was werde ich für mich verwenden?

- Worauf werde ich künftig besser achten?

Literaturhinweise

Middendorf, Ilse: Der erfahrbare Atem, Paderborn

Müller, Else: Bewußter leben durch Autogenes Training und richtiges Atmen, Reinbek

Lodes, Hiltrud: Atme richtig. Der Schlüssel zu Gesundheit und Ausgeglichenheit. München

Scheufele-Osenberg, Margot: Atemschulung, Düsseldorf

Spachtholz, Barbara: Power-Atem, Regensburg/Düsseldorf

Speads, Carola: Natürliches Atmen – Intensiver und gesünder leben, München

Zillo, A./Greissing, H.: Zilgrei – Neue Hoffnung, München

Eutonie

8

Unterstützen Sie die Spannungsbalance

Die Eutonie ist ein von Gerda Alexander geschaffenes eigenständiges System der Selbsterfahrung.

Auch hier geht es um den harmonischen Ausgleich zwischen Anspannung und Entspannung. Im Unterschied zu anderen ist das Ziel der Eutonie nicht bloße Entspannung, sondern die der jeweiligen Tätigkeit angepaßte Spannung.

Eutoniepädagogik will den ganz persönlichen Rhythmus freilegen, der nach eigenen Lösungen – ohne Vorbilder – verlangt.

Kultureller Hintergrund

Gerda Alexander (geb. 1908 in Wuppertal) studierte zunächst Rhythmikerziehung nach E. Jacques-Dalcroze. Später lernte sie noch andere körperorientierte Schulen kennen und integrierte diese Erfahrungen in die eigene Arbeit. Deshalb lassen sich in der Eutonie auch Ansätze von Moshé Feldkreis, Elsa Gindler oder der in Deutschland bekannten Schlaffhorst-Andersen- Schule finden.

Die Eutonie wurde in Kopenhagen (Dänemark) entwickelt, und seit 1940 werden an der dortigen Schule Eutonie-Lehrer ausgebildet. Die Eutonie versteht sich als „wesentlicher Weg der Körpererfahrung" mit dem besonderen Ziel, die individuelle Bewegung des einzelnen zu fördern. Deshalb läßt sich die Eutonie auch keiner bestimmten Weltanschauung oder Religion zuordnen. Sie sieht in jedem Menschen etwas Einmaliges, der zwar nach außen dasselbe Gerüst aufweist, doch aufgrund seiner Herkunft und seiner Erfahrung seine ganz eigenen Gesetze hat.

Eutonie: Spannungs-Harmonie

Das Wort „Eutonie", als begriffliches Gegenteil von „Dystonie", ist aus dem griechischen abgeleitet und kann mit Spannungs-Harmonie übersetzt werden. Gemeint ist die Spannung, die der jeweiligen Situation angemessen ist – wie auch der richtige Atem immer der ist, der sich in der jeweiligen Aktivität frei regeln kann.

Aus der Sicht der Eutonie ist die Fähigkeit der meisten Menschen, ihr Inneres spontan zum Ausdruck zu bringen und im Kontakt mit der Umwelt offen und flexibel zu agieren, verlorengegangen. Dieser Verlust ist häufig mit Spannungsblockaden verbunden, die im kräftezehrenden unökonomischen Gebrauch des Körpers zum Ausdruck kommen.

Ein erstes Ziel der Eutonie besteht darin, diesen „Ist"-Zustand bewußt wahrzunehmen. Das weitere Ziel ist, die Möglichkeiten der Spannungslagen auszuschöpfen, um die Flexibilität der Körperspannung an die unterschiedlichen Situationen anzupassen. Das letztendliche Ziel der Eutonie besteht darin, eine ausgewogene Spannung zu erarbeiten, die eine fließende, geschmeidige und ökonomische Bewegung ermöglicht.

Die Eutonie arbeitet zwar auf der Grundlage des Körpers, doch sie weiß sehr wohl, daß immer der ganze Mensch beteiligt ist. So bahnen sich, außer auf der körperlichen, auch auf der seelischen und geistigen Ebene des Menschen im Verlauf der Eutonie-Arbeit bewußt oder unbewußt Veränderungen an.

Wichtig: Vereinfacht und zusammenfassend läßt sich sagen, daß die Eutonie eine Arbeit zur Wiedergewinnung der optimalen, lebendigen Spannkraft ist. Jener Spannkraft, die der Körper braucht, um das dynamische Gleichgewicht zu haben, das wir unter Gesundheit verstehen.

Übungsprinzipien

Entwicklung des Körperbildes

Durch intensives Hineinspüren und Wahrnehmen des Umfeldes – über die Haut bis zur Tiefenstruktur – entwickelt und verstärkt sich das bei den meisten Menschen schwach und lückenhaft vorhandene Körpergefühl, bis hin zum Körperbewußtsein, das den Ist-Zustand vermittelt. Ausgehend von diesem Zustand besteht dann die Möglichkeit zu regulieren, bis die Situation als gut und angenehm empfunden wird. So ist es möglich „Bild" und „Realität" des Körpers in Einklang zu bringen.

Präsenz – Kontakt zu finden

Das heißt, Berührung zu spüren, wo wir mit uns selbst und mit der Außenwelt in Kontakt stehen. Das heißt auch, seine eigene Isoliertheit verlassen, um diesen permanenten Kontakt wahrnehmen zu können. Am Beispiel der Außenhaut: Schutz und Abgrenzung zugleich, doch auch Öffnung nach außen zur Umwelt, Kontakt mit der Umwelt, ihren Einflüssen und anderen Menschen.

Erweiterung durch Dehnen

Kontaktübungen drängen danach, sich zu dehnen – sich über seine vermeintlichen Grenzen hinaus zu erweitern. Dieses von innen herauskommende Dehnen, das nicht von außen befohlen wird, erwächst aus einem inneren Bedürfnis nach Erweiterung und hat eine besonders tiefe Wirkung zur Harmonisierung des Spannungsgleichgewichtes.

Ziele in der Gesundheitsbildung

Gesunde wie kranke Sportler, Künstler, geistig oder körperlich Arbeitende – jeder kann die Arbeit der Eutonie für sich nutzen, da sie kein Sondersystem neben der Praxis des täglichen Lebens darstellt (nach Gerda Alexander).

Zur Eutonie finden meist von speziellen (körperlichen oder seelischen) Problemen belastete Menschen. Aber auch das Bedürfnis nach Selbstfindung oder Selbsterfahrung ist ein Grund, um hier Anregungen oder Hilfestellung zu geben. Vor Publikum arbeitende Künstler profitieren von der Eutonie im besonderen Maße: Sie können ihre Ausdrucksmöglichkeiten vertiefen und erweitern und haben so die Möglichkeit, noch engeren Kontakt zum Publikum herzustellen.

Eutonie kennt keine Übungen oder Bewegungsabläufe, die einer ständigen Wiederholung bedürfen. Deshalb kann die Wachheit und Aufmerksamkeit, die bei der eutonischen Arbeit geweckt wird, im Alltag weiterentwickelt werden. Jeder muß dabei selbst herausfinden, wie er mit sich zu Hause weiterarbeiten kann. Der eine nimmt sich täglich einige Minuten Zeit, der andere fängt an, sich achtsamer zu bewegen. Wieder andere achten mehr auf das, was sie denken und was sie empfinden und geben auch spontanen Einfällen mehr Raum.

Praxis-Tip:

Auf jeden Fall wird sich bei jedem, der über längere Zeit mit der Eutonie arbeitet, eine Persönlichkeit entwickeln, die einen sinnvolleren Umgang mit der Umwelt und mit sich selbst pflegt.

Die Auswirkungen der Eutonie

Wissenschaftlich läßt sich nur ein geringer Teil der Erfahrungen, die mit der Eutonie gemacht werden, befriedigend erklären. Allgemein können folgende Auswirkungen beobachtet werden:

- Eutonie aktiviert die Selbstheilungskräfte im Menschen. Durch eine positivere Einstellung zur Krankheit und möglichen Folgen wird der Heilungsprozeß deutlich angeregt.

- Verfeinerung der Sensibilität und der Körperwahrnehmung

- Regulierung des Kreislaufs der Atmung sowie des Nervensystems

- Mehr Aufmerksamkeit und Konzentration

- Bessere Bewältigung der Alltagssituationen

- Linderung bei chronischen Schmerzzuständen

Körperliche Selbsterfahrung ist nun mal etwas anderes als die funktionelle Betrachtung des Körpers seitens der medizinischen Wissenschaft. Wie allgemein zu beobachten ist, wird die Ganzheitlichkeit des Menschen immer mehr beachtet.

Hinweise zur Übungspraxis

Grundsätzlich kann jeder teilnehmen, es gibt keine Einschränkungen. Jeder Teilnehmer lernt, seinen eigenen Weg zu finden, Fehler werden als Möglichkeit zur Korrektur angesehen und sind notwendige Lernschritte.

Es wird in Gruppen oder in Einzelarbeit gearbeitet. Letztere kann individuelle, seelische und körperliche Probleme besser berücksichtigen und dient als Vorbereitung auf die Gruppe.

Zum Kennenlernen bietet sich ein Wochenendkurs an, oder fragen Sie nach einer Schnupperstunde.

Wichtig für Ihre Übungspraxis:

- Bequeme Kleidung

- Angenehme Unterlage

- Vielleicht ein Kissen für den Kopf

- Eine Decke zum Zudecken

- Nicht mit vollem Magen

Praxis-Tips für den Eutonie-Lehrenden:

- Passen Sie Ihre Arbeit den Fähigkeiten und Möglichkeiten der Teilnehmer an.

- Unterstützen Sie den Teilnehmer, seinen individuellen Rhythmus zu finden und sein eigenes Tempo zu bestimmen.

- Haben Sie Geduld in der Gruppe, wenn neue Erfahrungen gemacht werden, wobei der einzelne mal mehr oder mal weniger Zeit dafür benötigt.

- Führen Sie am Ende der Stunde ein abklärendes Gespräch mit den Teilnehmern.

Kurzprogramm:
Muskelrelaxation – Eutonie –
Autogenes Training (Kurzversion)

Der Schwerpunkt in diesem Programm sind die entspannenden Übungen der Eutonie. Durch die Eutonie gewinnen wir die lebendige und optimale Spannkraft wieder, jene Spannung, die unser Körper braucht, um gesund zu sein.

Wir beginnen mit der Muskelrelaxation.

Muskelrelaxation

Übung 1

Wie wir die Übung ausführen:

Den rechten Arm weit nach oben dehnen. Die Hand ist abgewinkelt.

Was wir dabei beachten:

Das rechte Bein kräftig zu Boden drücken. Die rechte Rumpfseite gut dehnen.

Wichtig: Dem Spannungsgefühl nachspüren, und normal, leicht weiteratmen. Danach die Übung langsam beenden und dem Entspannungsgefühl nachspüren.

Praxis-Tip:

Lassen Sie sich Zeit, um den Spannungsunterschied zur anderen Seite wahrzunehmen. Erst danach die Übung zur anderen Seite wiederholen.

Übung 2

Wie wir die Übung ausführen:

Die Arme hochführen und eine vorgestell-
te Haltestange umgreifen. – Knie leicht ein-
beugen – Gesäßmuskeln fest anspannen –
Bauchwand fest einziehen

Was wir dabei beachten:

Den Atem nicht anhalten, langsam die
Übung beenden und aufmerksam dem
Gefühl der Entspannung nachspüren.

Eutonie

Eine der wesentlichen Übungen der Eutonie ist das Wahrnehmen
des Körperbildes.

Übung 1: Wahrnehmen des Körperbildes

Wie wir die Übung ausführen:

Die Füße nehmen bewußt den Bodenkontakt wahr. Der Kopf
fühlt sich mit dem Scheitelpunkt hoch bis zur Zimmerdecke und
versucht den Kontakt mit ihr aufzunehmen.

Was wir dabei beachten:

- Aufmerksam wandern wir durch den Hinterkopf – die
  Halswirbelsäule, die Brust- und Lendenwirbelsäule – durch
  das Kreuzbein – das Gesäß – durch die Rückseiten der
  Oberschenkel – durch die Kniekehlen – die Waden und
  durch die Fersen und wachsen in unserer Vorstellung tief in
  den Boden hinein. Den Kontakt der Fußsohlen zum Boden
  erspüren. Wo liegen Sie auf, und wo nicht? – Stehen Sie
  gut – oder haben Sie das Bedürfnis sich zu korrigieren? Tun
  Sie das! Bis Sie das Gefühl haben, jetzt stehe ich richtig.

135

- Nun über die vordere Körperhälfte. Anschließend aufmerksam die Fußrücken wahrnehmen, nun aufwärts wandern durch die Schienbeine – die Knie – den Beckenboden – den Unterleib – und weiter nach oben durch den Oberbauch – ins Brustbein. Hier halten wir an. Was haben wir für ein Gefühl? – Ist Ihre Haltung gut so, oder möchten Sie sich regulieren? – Probieren Sie aus – wie atmet es sich besser – mit aufgerichtetem Brustbein oder eingesunken? Spüren Sie nun auch noch Ihre Schultern. Welches Gefühl ist besser – wenn sie nach vorn hängen oder zurückfallen?

Praxis-Tip:

Probieren Sie, was ist besser für mich?

Übung 2: Schwere abfließen lassen

Wie wir die Übung ausführen:

Stehend. Kontrollieren Sie Ihren Fußkontakt zum Boden. Haben Sie einen guten Halt? – Stellen Sie sich nun vor, Ihre Halswirbelsäule wird ein Zeiger, der genau zur Zimmerdecke zeigt, und langsam die Decke entlangwandert – nun die Wand abwärts bis zum Boden.

Was wir beachten:

Intensiv in diese Vorstellung hineindenken, um so intensiver und leichter beugt sich der Kopf mit dem Rücken zusammen nach vorne und hängt zum Schluß ganz unten. In dieser Haltung bleiben – alle Schwere abfließen lassen, seufzend ausatmen und nachgeben. Langsam die Wirbelsäule von unten her wieder aufbauen, bis wir wieder aufrecht stehen.

Praxis-Tip:

Bleiben Sie noch einen Augenblick in Ihren Empfindungen. Spüren Sie nach.

Übung 3: Kontaktbewußtsein durch Dehnen

Wie wir die Übung ausführen:

In der Rückenlage zunächst den Kontakt des Körpers zum Boden wahrnehmen.

Was wir dabei beachten:

Korrigieren Sie Ihre Lage, bis Sie das Gefühl haben, so liege ich gut. Danach spüren Sie, wie Ihr Gesäß aufliegt – wie sich Ihr Becken insgesamt fühlen läßt. Spüren Sie sich an der Außenhaut Ihrer Beine entlang bis zur Fußsohle. Wo haben Sie Kontakt zum Boden – zur Kleidung? Nehmen Sie Ihre Fersen wahr und beginnen Sie, sich über sie hinaus zu fühlen und nehmen Sie im Fühlen mit. Die Fersen streben weiter am Boden entlang, bis zur nächsten Wand.

Ganz unmerklich sind die Beine mitgewachsen und wir spüren, daß ohne unser Zutun eine Dehnung entstanden ist. Mehr und mehr nimmt sie zu, nimmt die Beine – das Becken – die Wirbelsäule mit in die sanfte und zarte Bewegung. Unsere Aufmerksamkeit verbleibt ganz in den Fersen, die weiterhin nach vorne streben. Stellt sich ein ungutes Gefühl ein, daß weiteres Dehnen Zwang wäre, lassen Sie ganz plötzlich los.

Praxis-Tip:

Spüren Sie nach, wie sich Ihre Beine nun anfühlen. Drücken Sie Ihre Empfindungen sich selbst gegenüber einmal aus.

Übung 4

Wir fühlen uns nun in die Arme ein und nehmen zunächst den Kontakt zum Boden wahr. Liegen Sie gut so? (Veränderung zulassen). Nehmen Sie Ihre Hände wahr. Wie spüren Sie Ihre Finger? Die Daumen – die Zeigefinger – die Mittelfinger – die Ringfinger – die kleinen Finger. Was haben Sie für ein Gefühl in den Handflächen? Nun beginnen die Fingerspitzen über sich hinaus zu fühlen, immer weiter am Boden entlang. Können Sie spüren, daß wieder eine von innen heraus wachsende, sehr feine Dehnung entsteht? Sobald sich Ihr Arm nun angenehm gedehnt anfühlt, beginnen die Fingerspitzen sich einen Weg über die Wand zur Zimmerdecke zu suchen, der Arm geht gestreckt mit, bis die Fingerspitzen zur Decke weisen. – Danach gehen die Fingerspitzen mit dem Arm den Weg langsam wieder zurück, bis sie schließlich am Boden angekommen sind. Arme – Hände – Finger lassen alle Spannung los. Ausruhen – Entspannen.

Praxis-Tip:

Beobachten Sie, wie sich Ihre Arme und Hände nun anfühlen. Schwere oder Kribbeln (Unruhe) lassen Sie in Ihrer Vorstellung durch die Fingerspitzen abfließen in den Boden.

Nun den Kontakt des Rückens zum Boden wahrnehmen. Beginnen Sie zu spüren, wo Kontakt besteht? Liegen Sie gut oder möchten Sie Ihre Lage korrigieren? Lassen Sie sich dabei Zeit, bis Sie das Gefühl haben, jetzt liege ich gut. Nun kann ich ausruhen. Genießen Sie Ihre Entspannung. Wir beschließen die Eutonieübungen mit Autogenem Training und der Einstellung des Sonnengeflechts.

Autogenes Training (Kurzversion)

Wir bleiben in der Rückenlage. Die Arme liegen neben dem Körper. Die Schultern noch einmal lockern und den Rücken breit und bequem auflegen, das Kinn leicht angezogen. Entspannen Sie sich – und lassen Sie Ihre Augen und Ihren Mund lächeln. Sie wissen doch: Lächeln entspannt einfach alles in uns. Lenken Sie nun Ihre Aufmerksamkeit in Ihre rechte Handfläche. Stellen Sie sich vor, Sie können sie mit Ihrem Atem beströmen. – Immer wieder – wie sind nun Ihre Empfindungen in Ihrer rechten Hand, anders als in der linken? Sammeln Sie nun Ihre Aufmerksamkeit und Ihren Atem in der linken Hand. Bleiben Sie einfach darin – nur beobachten. Empfinden Sie die prickelnde Energie in beiden Händen nun gleich? Legen Sie die Hand, die Ihnen wärmer vorkommt, auf Ihren Oberbauch und legen Sie die andere einfach darauf. Spüren Sie der angenehmen Wärmeströmung nach, die sich nun in Ihrem gesamten Bauchraum verströmt. – Damit Sie diese wohltuende Wärme immer wieder erzeugen können, bekräftigen wir sie durch die Leibwärme-Einstellung des Autogenen Trainings: „Mein Sonnengeflecht ist strömend warm – mein Sonnengeflecht ist strömend warm." Wiederholen Sie diese Einstellung noch drei- bis viermal. Wenn Sie nun noch ein wenig liegen bleiben wollen, tun Sie das. Fit für Ihren Alltag werden Sie durch gründliches Räkeln und Strecken.

Nach dem Training: Machen Sie sich Ihre Gedanken!

- Was hat mir dieses Training persönlich gebracht?

- Was werde ich für mich verwenden?

- Worauf werde ich künftig besser achten?

Literaturhinweise

Alexander, Gerda: Eutonie, München

Kjellrup, Mariann: Bewußt mit dem Körper leben, München

Moskovici, Hassada K.: Vor Freude tanzen – vor Jammer halb in Stücke gehen, Frankfurt

Windels, Jenny: Eutonie mit Kindern, München

Kinesiologie

9

Sanfte Heilmethode

Kinesiologie gehört zu den alternativen Heilmethoden, die sich mit den Energiekreisläufen des menschlichen Organismus befassen; sie verbindet neuestes medizinisches Wissen mit jahrtausendealten Erfahrungen und Erkenntnissen.

In Übereinstimmung mit der chinesischen Energielehre liegt der Kinesiologie ebenfalls die ganzheitliche Betrachtung des Menschen zugrunde.

Kultureller Hindergrund

Die Methode wurde Anfang der 60er Jahre von dem Chiropraktiker Dr. Georg Goodheart unter dem Namen „Angewandte Kinesiologie" entwickelt. Er hatte entdeckt, daß ein schwach reagierender Muskel mit Hilfe einer bestimmten Massagetechnik wieder zu stärken war.

Später legte er auch die Zusammenhänge zwischen der bestimmten Funktionsweise einzelner Muskeln und bestimmter Meridiane (Energiebahnen) offen. Nach dem Verständnis der chinesischen Medizin fließt die Lebensenergie – jene Energie, die einen Organismus am Leben erhält – an diesen Energiebahnen entlang. Durch gezielte Manipulation bestimmter Reflexpunkte auf der Haut (Schlüsselpunkte, die mit den Organen in Verbindung stehen) konnten zuvor als schwach getestete Muskeln wieder gestärkt werden. Nach und nach verfeinerte Goodheart die Methode, in der zunächst nur der Muskeltest als Diagnoseinstrument stand, und kombinierte sie mit anderen Behandlungstechniken aus der Physiotherapie, Psychologie, Ernährungslehre, Pädagogik, Homöopathie und den Naturheilverfahren.

In den USA wurde die Kinesiologie von den heilenden Berufen sehr schnell aufgegriffen. Sie zählt dort zu den erfolgreichsten

Methoden. Im deutschsprachigen Raum ist sie erst seit den 80er Jahren bekannt; als Selbsthilfemethode gewinnt sie immer mehr an Bedeutung und wird in der therapeutischen Praxis angewandt.

Wichtig: Auf jeden Fall kann die Kinesiologie als ein praktisches Anwendungsverfahren bei Störungen betrachtet werden, die unsere Gesundheit betreffen. Sie vermag uns darüber zu informieren, was unseren Gesundheitszustand schwächt oder wie wir ihn wieder stabilisieren können.

Der Mensch in der Kinesiologie

Im ganzheitlichen Menschenbild der Kinesiologie bilden Körper und Seele eine Einheit. Gesund zu sein ist also nicht nur auf den körperlichen Aspekt beschränkt. Gesund, wohl und ausgeglichen fühlt sich der Mensch erst dann, wenn Körper und Seele im Einklang sind. Und dieser Einklang hängt nach Meinung der chinesischen Energielehre vom freien Fluß der Lebensenergie ab. Lebensenergie nicht als Kraft im üblichen Sinne, sondern vielmehr als Energie, die alles Leben durchströmt und aufrecht erhält.

Achtung: Von der ausreichenden und gleichmäßigen Versorgung mit dieser Energie hängt unser dynamisches Gleichgewicht, „die Gesundheit", ab.

Dementsprechend führt eine Verdichtung in einem Organsystem oder auch in der Muskulatur zu Energieblockaden, ein zu geringes Vorhandensein ist ebenso nachteilig.

Energieblockaden können zu organischen Störungen führen, aber auch Ängste hervorrufen oder Mißstimmungen bewirken. Für die Kinesiologie ist das Thema „Streß" bedeutungsvoll, zumal Streß den freien Fluß der Lebensenergie verhindert.

Emotionalen Streß abbauen

Unter Streß verstehen wir gewöhnlich belastende Situationen, oder wir haben Konflikte oder Probleme mit anderen Menschen. Unangenehme Gefühle wie Wut, Ärger, Neid, Eifersucht, Haß gehören dazu. Diesen Streß nennen wir „negativen Streß" oder „Disstreß".

Positiven Streß bezeichnen wir dagegen als „Eustreß". Er aktiviert den Körper auf die gleiche Weise wie Belastungen, etwa Ereignisse, die mit Freude verbunden sind, ein plötzliches Erfolgserlebnis, Hochzeit oder andere Festivitäten, Geburt eines Kindes, Sexualität, Sportereignisse, mit denen wir uns identifizieren.

Streß in den Lebensumständen erkennen, in der schlechten Körperhaltung oder in falschen Ernährungsgewohnheiten, aber auch in den negativen Gedanken und Bewertungen seiner selbst oder belastender Situationen, diesen Streß nicht nur zu erkennen, sondern auch zu vermeiden und ihn abzubauen, ist deshalb ein Grundsatzthema der Kinesiologie. Gesundheit ist deshalb nach Meinung der Kinesiologie erst dann möglich, wenn der Körper belastenden Streß immer wieder abbaut und die Lebensenergie ungehindert fließen kann.

Eustreß – Disstreß

Ob Eu- oder Disstreß, der Körper reagiert immer gleich. So können auch freudige, spaßmachende Situationen durchaus dazu beitragen, daß der Streßpegel in uns zu hoch ist und auf Dauer Schädigungen unseres Organismus hervorruft. Sie sollten deshalb noch wissen, welche körperlich-vegetativen Reaktionen Streß auslöst:

- Alarmierung und Aktivierung des sympathischen Nervensystems
- Anspannung der Muskulatur

- Erhöhung des Blutdrucks

- Schnellerer Herzschlag

- Schnelleres Atmen

- Veränderung des hormonischen Gleichgewichtes, z. B. durch mehr Adrenalin

- Die Gerinnungsfähigkeit des Blutes steigt.

- Freigabe von Zuckerreserven

- Zunahme des Blutfettes (Cholesterin)

Bei länger andauernder Streßbelastung kommt es schließlich zur Erschöpfung. Daraus läßt sich unschwer erkennen, daß eine Generalmobilmachung nur kurzfristig sein sollte und daß Ruhephasen zur Erholung des Körpers unbedingt notwendig sind.

Das Ziel: Harmonie in der Triade

Die Kinesiologie betrachtet den ganzen Menschen, unterteilt ihn jedoch in drei Bereiche: „Triade" (Dreiheit). Diese Triade gleicht drei Säulen, auf denen die Gesundheit des Menschen aufgebaut ist:

Struktur

Die Struktur besteht aus Muskeln, Bänder, Sehnen, Knochen und Gelenke.

Stoffwechsel

Der Stoffwechsel umfaßt alle biochemischen Vorgänge (Verwertung und Ausscheidung).

Psyche

Die Psyche besteht aus Gedanken und Gefühlen.

Sichtweise der Kinesiologie

Wenn wir einen Menschen aus der Sichtweise der Kinesiologie betrachten, läßt sich an der Art, wie er sich bewegt, welche Nahrung er bevorzugt, welche Gefühle und Gedanken in ihm vorherrschen, bereits erkennen, in welchem Bereich Störungen vorliegen können. Entsprechend wird dann therapiert.

Harmonie in der Triade bedeutet demnach Gesundheit und daß alle Bereiche als gleichwertig und gleichberechtigt angesehen werden müssen. Da alle Bereiche auch voneinander abhängig sind, wirken sich Störungen in einem Bereich immer auf die beiden anderen aus.

Das Ziel der Kinesiologie besteht darin, das energetische Gleichgewicht, die Harmonie der Triade wiederherzustellen, so daß Struktur, Stoffwechsel und Psyche im Einklang stehen.

Auswirkungen auf die Gesundheitsbildung

Die Kinesiologie mit ihren Testverfahren zur Diagnosestellung sollte nur von professionellen, medizinisch geschulten Fachkräften ausgeübt werden. Laienhaftes Wissen, etwa nur in einem Wochenendkurs erworben, kann zu Fehldiagnosen führen und entsprechend negative Auswirkungen haben.

Anders verhält es sich mit den kinesiologischen Selbsthilfemethoden zum emotionalen Streßabbau, sie können von jedem angewandt werden. Viele, die einfach mal über längere Zeit damit gearbeitet haben, konnten sich von der Wirksamkeit dieser Übungen überzeugen.

Ich persönlich kombiniere diese Selbsthilfemethoden sehr gerne mit anderen Entspannungsmethoden, wie im nachfolgenden Kurzprogramm beschrieben.

In der Gesundheitsbildung könnte die Kinesiologie noch einen höheren Stellenwert als bisher einnehmen, da sie modernes Wissen aus der Gehirnforschung mit uraltem Geistesgut verbindet.

In dieser Methode steckt einmal die Möglichkeit, die Fähigkeiten unserer Gehirnhälften noch zu erweitern und die Integration beider Gehirnhälften zu fördern, zum anderen ermöglichen die Streßabbaumethoden den freien Fluß der Lebensenergie, was wiederum ganzheitliche Gesundheit bedeutet.

Hinweise zur Übungspraxis

Da die Übungen von Raum und Zeit unabhängig sind, können sie ganz individuell praktiziert werden.

Der Schaukeltest

Nehmen Sie wahr, inwieweit innere Überzeugungen, Gedanken oder Gefühle in Ihnen Streß auslösen können. Dieser Test zeigt auf, daß geistige Abläufe, die sich in Ihrem Kopf abspielen, Ihre Haltung und Bewegung Ihres Körpers beeinflussen.

- Nehmen Sie eine aufrechte Haltung ein und erspüren Sie zunächst Ihren Körper. Lassen Sie sich ein wenig Zeit.

- Denken Sie nun an eine Situation, die angenehm für Sie ist (langes Ausschlafen; ein schönes Wochenende; etwas, was Sie gerne tun).

- Beobachten Sie, wie Ihr Körper auf diese Vorstellung reagiert.

■ Achten Sie auf die Schaukelreaktion Ihres Oberkörpers. Tendiert die Bewegung nach vorne, nach hinten oder zur Seite? Öffnen Sie Ihre Augen und überdenken Sie nun Ihre Reaktionen. Dann wiederholen Sie den Test. Schließen Sie Ihre Augen und spüren Sie wieder Ihren Körper.

■ Denken Sie nun an eine unangenehme Situation, was für Sie besonders unangenehm ist und mit emotionalem Streß verbunden ist (eine Prüfung; eine angstvolle Begegnung; etwas, was Sie nicht tun wollen).

■ Beobachten Sie genau die Reaktion Ihres Körpers.

■ Welche Richtung nimmt Ihr Oberkörper?

Spüren Sie einen Unterschied in Ihrer Körperreaktion? Vielleicht sind Sie bei der angenehmen Vorstellung nach hinten geschaukelt, weil Angenehmes mit entspanntem Zurücklehnen für Sie verbunden ist. – Bei der unangenehmen Vorstellung hatten Sie vielleicht das Gefühl zu erstarren, oder Sie schaukelten nach vorne? Unsere Vorderseite ist der aktivere Teil von uns und entsprechend mit Aktivität, also mit Streß verbunden.

Üben Sie auch mit anderen positiven oder negativen Vorstellungen, die Sie auf Ihren Streßgehalt hin überprüfen können. Beim Schaukeltest geht es allein darum, den Unterschied in der Reaktion auf positive und negative Gedanken und Gefühle genau wahrzunehmen. Dieser Unterschied gibt Ihnen Antwort darauf, was Sie streßt oder nicht.

Kurzprogramm: Muskelrelaxation – Kinesiologie – Autogenes Training (Kurzversion)

Der Schwerpunkt des Entspannungstrainings ist die sanfte Streßabbaumethode der Kinesiologie. Vielleicht ist sie die genau richtige Entspannungsmethode für Sie. Fangen wir aber zuerst mit der Muskelrelaxation an.

Muskelrelaxation

Übung 1: Überkreuzhaltung für mehr Flexibilität

Wie wir die Übung ausführen:

Sitzend. Die rechte Hand auf den linken Oberschenkel legen, den rechten Fuß einen Schritt zurückstellen, den aufgerichteten Oberkörper nach links drehen, die linke Hand rückwärts hinter der rechten Pohälfte

aufstützen. Der Kopf schaut in stolzer Haltung über die linke Schulter geradeaus.

Was wir dabei beachten:

Leicht, normal weiteratmen und das Spannungsgefühl wahrnehmen. Die Übung langsam beenden und der Entspannung nachspüren. Danach die Bewegung zur anderen Seite.

Wichtig: Gibt es Muskeln, die Sie nicht für diese Haltung benötigen? Zum Beispiel könnte sich Ihr Gesicht entspannen.

Praxis-Tip:

Lächeln Sie doch mal und beobachten Sie, was dieses kleine Lächeln in Ihnen bewirkt. Sie entspannen sich ganz automatisch.

Kinesiologie

Übung 1: Die liegende Acht, Integration beider Gehirnhälften

Wie wir die Übung ausführen:

Unterarme kreuzen. Die Hände falten – mit den Händen eine liegende Acht nachzeichnen, die Augen gehen mit. Dann die Arme sinken lassen und die Acht mit der Nase zeichnen. – Danach nur mit den Augen. – Das entspannt nicht nur die Augenmuskulatur, sondern stärkt auch die Sehkraft. Kreisen Sie, solange Sie wollen, und nehmen Ihre Empfindungen dann wahr.

Übung 2: Ohrenstimulierung

Durch diese Übung stimulieren wir die Reflexzonen im Ohr, unsere Aufnahmefähigkeit und Konzentrationsfähigkeit steigert sich und Gesichts-, Kiefer-, Zungenmuskulatur können sich entspannen.

Wie wir die Übung ausführen:

Die Ohrmuscheln so umfassen, daß sich der Daumen hinter und der Zeigefinger vor dem Ohr befindet. Beide Ohrenränder gleichmäßig von unten nach oben und wieder herunter massieren. – Den Zeigefinger ziehen wir dabei von innen nach außen, so als wollten wir unsere Ohren ganz ausfalten. – Zweimal wiederholen.

Was wir noch beachten:

Dem Wärmegefühl im Kopf nachspüren und noch Zeit lassen für Empfindungen.

Übung 3: Halten der Streßpunkte

Die nächste Übung hilft uns, emotionalen Streß abzubauen. Dazu berühren wir
die Stirnhöcker. Wir können sie ertasten,
wenn wir mit unseren Fingerkuppen von
der Stirnmitte aus nach außen fahren
(Richtung Geheimratsecken). Wenn wir
auf beiden Seiten die kleinen Erhebun-
gen fühlen, sind wir richtig. Wir können
hier auch einen leichten Puls fühlen. Sehr
fein nur, aber doch spürbar. Haben wir
Streß, fühlen wir diesen Puls unterschiedlich. Gleichmäßig und
fast nicht zu spüren, ist dieser Puls, wenn der Streß abgebaut ist.
Der spezielle Bereich des Gehirns wird dann besser durchblutet
und aktiviert, indem wir spontan, bewußt, assoziativ denken können und auch schnelles Überlegen und Entscheiden möglich ist.

Übungspraxis

Sie können nun durch das Halten dieser Punkte einfach nur entspannen oder Sie denken an eine bestimmte Situation, in der Sie
nicht weiterkommen, oder Sie stellen sich eine Situation vor, die
Sie ängstigt. Sie können nun noch zusätzlich mit den Augen kreisen, zwei- oder dreimal nach rechts oder links herum. Eindrücke
oder Erinnerungen von bestimmten Streßsituationen werden dadurch noch einmal aktiviert und erlauben nun einen anderen
Blickwinkel.

Jetzt können neue Lösungsmöglichkeiten gefunden werden. Stellen Sie sich vor, was Sie tun könnten, damit Sie die besagte Situ-

ation fest im Griff haben und sie Ihren Wünschen und Hoffnungen entspricht. Danach stellen Sie sich das Gefühl vor, das Sie haben, wenn Sie die Situation gut bewältigt haben.

Prüfen Sie, während Sie diesen inneren Bildern noch zuschauen, Ihren Stirnpuls. Hat sich ein gleichmäßiges Pulsieren eingestellt, haben Sie Ihren Streß abgebaut und Ihr Körper wird sich auf das zu erreichende Ziel positiv einstellen.

Was wir dabei beachten:

Anfangs fällt Ihnen das Konzentrieren auf eine Streßsituation leicht, später kann sie Ihnen immer wieder entgleiten. Das kann bedeuten, Sie haben bereits Streß abgebaut, oder Mängel an Konzentrationsfähigkeit. Holen Sie sie dann sanft zurück, vor allem in die für Sie günstige Situation.

Haben Sie sich für irgend etwas klar entschieden, liefert unser Körper stets die dazu notwendige Energie. Ein weiterer Hinweis für Ihre Entspannung ist Ihre Atmung, sie spiegelt unsere Gefühle wider. Fühlen Sie sich erleichtert, befreit, können Sie wieder gut durchatmen.

Übung 4: Schläfen klopfen

Eine weitere Möglichkeit, um nicht nur Streß abzubauen, sondern auch um die positive Vorstellung Wirklichkeit werden zu lassen, ist das Schläfenklopfen. Klopfen Sie rund um das linke Ohr Ihre Affirmation (Bekräftigung), z. B. zum Thema Ruhe ein: „Ich bin locker – entspannt und bleibe in allen Situationen ruhig und gelassen." Klopfen Sie dann um Ihr rechtes Ohr den gleichen Satz, nur eingebunden in eine Ver-
neinung, z. B.: „Ich glaube nicht, daß ich nicht locker, entspannt und in allen Situationen ruhig und gelassen bleiben kann."

Übung 5: Kraft tanken

Ruhe und neue Energie tanken wir nun in der nächsten Übung. Sie hat sich nicht nur bei Erwachsenen, sondern vor allem auch bei zu aktiven Kindern ausgezeichnet bewährt.

■ Für den 1. Teil der Übung:

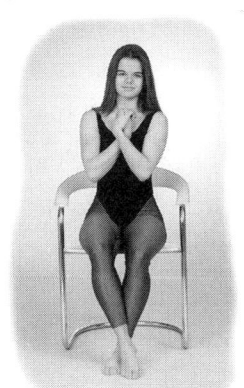

Wir kreuzen die Füße und nun die Arme so, daß wir die Hände falten können. Dann die Hände nach innen und oben zum Brustbein führen. Entspannen Sie sich. – Lassen Sie Ihr Gesicht weich werden. – Lächeln bewirkt dies automatisch – und beobachten Sie Ihren Atem und Ihre Empfindungen. Beenden Sie den 1. Teil nach einer Minute.

■ Für den 2. Teil der Übung:

Beide Füße nebeneinander stellen, die Hände legen wir an den Fingerkuppen locker gegeneinander und wieder nur lächeln und atmen eine Minute lang. – Beobachten Sie sich in Ihren Empfindungen. Durch diese Übung sammeln wir unsere zerstreuten Energien und steigern die Konzentrationsfähigkeit.

Autogenes Training

Stellen Sie sich vor, ein angenehmer frischer, kühler Windhauch umweht Ihre Stirn. Sie spüren geradezu wie frisch und kühl die Luft ist, die Sie einatmen.

Stellen Sie sich vor, daß selbst Ihr Gehirn von dieser frischen, kühlen Atemluft durchströmt wird und mit der Ausatmung alle unangenehmen Spannungszustände ausströmen. Die Kopfeinstellung des Autogenen Trainings vertieft die Entspannung: „Die Stirn ist angenehm kühl. Der Geist ganz ruhig." Wiederholen Sie diese Formel noch drei- bis viermal. Wenn Sie Ihre Entspannung noch genießen wollen, bleiben Sie sitzen. Fit für den Alltag werden Sie durch Strecken, Dehnen und Gähnen.

Nach dem Training: Machen Sie sich Ihre Gedanken!

■ Was hat mir dieses Training persönlich gebracht?

■ Was werde ich für mich verwenden?

■ Worauf werde ich künftig besser achten?

Literaturhinweise

Diamond, John: Die heilende Kraft der Emotionen, Freiburg

Lesch, Matthias: Kinesiologie: Aus Streß in die Balance, München

Matthews, Andrew: So geht's Dir gut, Freiburg

Spachtholz, Barbara: Streß laß' nach, München

Spachtholz, Barbara: Intelligentes Streßmanagement, Regensburg/ Düsseldorf

Topping, Wayne W.: Stress Release, Freiburg

Meditation

10

Kultureller Hintergrund

Der Begriff „Meditation" wird in der Literatur sehr uneinheitlich und auch unscharf gebraucht. Ganz allgemein bedeutet Meditation meist soviel wie „Versenkung", etwa im Sinn einer vertieften inneren Betrachtung und Selbstbeobachtung.

Im psychologischen Wortgebrauch bezeichnet Meditation die Sammlung der Aufmerksamkeit auf ein inneres Bild oder ein äußeres Objekt (z. B. eine Vorstellung, ein Bild, Körperempfindungen, die Natur).

Im Sprachgebrauch der lateinischen Bibel wird Meditation zur „Betrachtung, Vertiefung, bedenkend, nicht vergessend".

Insgesamt muß Meditation als ein vielschichtiger, nicht einheitlicher Vorgang betrachtet werden, da einerseits die unterschiedlichen Meditationsformen auch unterschiedliche Wirkungen haben und andererseits der Bewußtseinsmodus des einzelnen die Qualität des Erreichten bestimmt. Der Effekt hängt also davon ab, in welchem Ausmaß und was der einzelne in die jeweilige Meditationspraxis miteinbezieht. Trotz der Verschiedenartigkeit der Meditationstechniken lassen sie sich nach Ansicht verschiedener Autoren auf wenige gemeinsame Elemente reduzieren. Bislang wurden unterschieden:

- Konzentrative rezeptive Meditationsformen

- Psycho-körperzentrierte Meditationstechniken

- Aktiv-passive Meditationsverfahren

Bei diesem Systematisierungsversuch handelt es sich um Einteilungen, die nicht als absolut gelten können, da sie sich auch teilweise überlappen und ergänzen können.

Meditation als uralte Menschheitserfahrung

Auf jeden Fall ist Meditation eine sehr alte Menschheitserfahrung, die gegenwärtig eine große, immer noch wachsende Zahl von Menschen anzieht – und das in einer Welt, in der rationales, leistungsorientiertes Denken kaum Zeit für Achtsamkeit und Stilleübungen hat und es auch fast niemand wagt, von meditativen Bewußtseinszuständen zu reden oder gar regelmäßiges Meditieren zuzugeben.

Ziele der Meditation

Heute wird sehr viel über Meditation gesprochen und geschrieben, manchmal auch die Frage gestellt, was Meditation eigentlich bringt.

Die Ziele der Meditation sind sehr verschieden und vom jeweiligen weltanschaulich-religiösen Hintergrund abhängig. In den großen Meditationstraditionen des Ostens, die sich auch bei uns immer mehr verbreiten, bedeutet Meditation das Erreichen jenes besonderen Bewußtseinszustandes, der sich vom alltäglichen Wachbewußtsein unterscheidet.

Achtung: Als unzulänglich können alle Versuche gewertet werden, die diesen Zustand zu beschreiben versuchen, da er vom Bewußtseinsmodus des einzelnen abhängt. Inzwischen zeigen jedoch Meßversuche, z. B. mittels Biofeedback, daß die Meditation eine veränderte Bewußtseinslage bewirken kann. Bis zu einem gewissen Grade können deshalb technische Geräte als Hilfsmittel angesehen werden, das eigene Bewußtsein steuern zu lernen.

Mit der Beherrschung der Bewußtseinsprozesse stehen auch die Meditationskurse, wie sie heute in der Geschäftswelt angeboten werden, in enger Verbindung. Diese Kurse erheben den Anspruch, ihren Teilnehmern zu tieferen und subtileren Strukturen ihres Bewußtseins Zugang zu geben.

Auch innerhalb der Christenheit ist die Meditation zu neuem Leben erwacht. Zwar wurde in der ursprünglichen Tradition die stille Kontemplation ohne Worte nur einer Elite von Mönchen und Nonnen vorbehalten. Heute zeigt sich jedoch ganz allgemein das Bedürfnis nach vertiefter Meditation. In ihrer volkstümlichsten Form zeigt sich Meditation im berühmten Jesusgebet.

Ursprünglich war sie in der frühen griechischen Kirche zu Hause. Wie bei der heute weit verbreiteten transzendentalen (Mantra-) Meditation vollzieht sich auch hier die Gebetsform in einer stetigen Wiederholung eines Mantra oder heiligen Wortes, in diesem Fall ist es das Wort ›Jesus‹.

Dabei ist nicht nur die Schwingung des Tons beim Rezitieren des Wortes wichtig, sondern auch der Sinn des Wortes ist von großer Bedeutung. Indem sich der Meditierende in den Sinn des Wortes vertieft, verbindet er sein Leben und Sein mit dem Sinnträger, in diesem Fall Jesus, und wird schließlich eins mit ihm. Wir können hieraus ersehen, daß es nicht unwichtig ist zu wissen, mit welchem Wort, Symbol oder mit welcher Energieform man sich in der Meditation verbindet.

In vielen alten Schriften westlicher Mystiker und Romantiker zeigt sich etwas vom Wesen der Meditation, z. B. Angelus Silesius: „Zwei Augen hat die Seel, eins schauet in die Zeit, das andere richtet sich, hin in die Ewigkeit." / „Der Cherubinische Wandersmann" oder in den Worten von Josef von Eichendorff: „Und meine Seele spannte weit ihre Flügel aus, flog durch die stillen Lande, als flög sie nach Haus."

In noch heute gebräuchlichen Ekstasetechniken einiger von der Zivilisation lange verschont gebliebener Völker zeigen sich Überreste dieser Erfahrungen aus den zurückliegenden Phasen menschlicher Entwicklung.

Meditation im Westen

Die Reinheit der Meditation, die Absichtslosigkeit, die nichts weiter will als still, achtsam und offen zu sein, gerät sehr leicht in Gefahr, zur funktionellen Entspannungstechnik zu werden, wenn sich leistungsmüde und gesellschaftsfrustrierte Menschen plötzlich der Meditation zuwenden. Ihre sehr weltliche Zielsetzung, durch Meditation den Zwängen der Zivilisation zu entrinnen, läßt das eigentliche Ziel, das Erkennen und Erfahren der inneren Verbundenheit mit dem Ursprung des Seins, in den Hintergrund treten.

Bei Gedanken an Meditation fallen uns westlichen Menschen zwangsläufig Indien, China oder Japan ein, obwohl auch bei uns die Meditation eine lange Tradition besitzt, zum Beispiel in der bereits erwähnten christlichen Mystik oder die jüdischen Chassidim und ihre Meditationstechniken oder in neuerer Zeit wieder aktualisiert, die der Indianer, von denen wir lernen könnten, was z. B. zur Rettung der Erde und zu unserem Überleben auf dem Planeten getan werden könnte.

Aktives Erobern der Meditation

Die Art und Weise, wie der westliche Mensch versucht, durch Meditation etwas zu erreichen, zeigt die Zweckgebundenheit seines Denkens, ebenso seine Hoffnung, durch Meditation etwas erreichen zu können. Die eigentliche Zielsetzung ist damit verfehlt.

Wir haben zwar viele Krankheiten mit einstmals verheerenden Ausmaßen besiegen können, doch sind immer andere dafür aufgetaucht. Die eigentliche Krankheit des Menschen ist Unwissenheit, seine Unfähigkeit oder auch sein Unwille, seinen eigenen Kern und dessen Verbundenheit mit dem Ganzen zu erkennen. Vielleicht ist er aber auch einfach nur das Opfer einer auf materiellen Konsum ausgerichteten Gesellschaft geworden, in der er möglichst brav und ohne viel nachzudenken funktionieren und konsumieren soll.

Sehnsucht nach Glück und wahrem Leben

Mir fällt auf, daß das Heer der depressiven Menschen immer mehr zunimmt und auch, daß die Behandlungsmöglichkeiten durch die Medizin begrenzt sind. Zwar zeichnen sich durch neue Medikamente und verhaltensorientierte Therapien bereits längerfristige Erfolge ab, doch habe ich das Gefühl, daß es sich bei den offenkundig Erkrankten nur um die Spitze eines Eisberges handelt.

Achtung: Viel mehr Menschen, als wir glauben, verarmen in ihren Gefühlen und kranken an ihrer Sehnsucht nach Glück, wirklichem Leben und die wahre Sicht der Dinge tief in ihrem Herzen zu erreichen, oder sie sehnen sich nach höchster Erkenntnis oder Einsicht. Könnte es nicht sein, daß gerade die Depression ein zunächst ins Tal, also abwärts gerichteter Weg ist, der aber auch – wenn die Sehnsucht auf unseren geistigen Wesenskern ausgerichtet werden kann – hoffnungsvoll wieder bergauf zu führen vermag? Und könnte es nicht sein, daß gerade diese vermeintliche Ausweglosigkeit mit ihrer innewohnenden Erfahrung, daß nichts wirklich hilft, gerade notwendig ist, um die radikale Umkehr zum ganzheitlichen Denken zu ermöglichen? Jenes Denken, das sowohl die Getrenntheit vom Ganzen als auch die Verbundenheit mit dem Ganzen beinhaltet, und der Balanceakt erfordert, in beidem zu sein.

Allein und doch verbunden

Mitgefühl, Dankbarkeit, zweckfreie selbstlose Liebe sind die Qualitäten, die zu unseren geistig-seelischen Grundeigenschaften gehören und die es gilt, auf der menschlichen Ebene zu entwickeln, um die innere Balance zu halten. Dies ist für mich die wahre Mitte, aus der wir leben sollten. Höchste Erkenntnisse, wie sie nur in der Meditation erfahren werden können, lassen uns diese Mitte bewußt werden und auch das, was dann zu tun ist.

Buddha wurde erst nach vielen Jahren erleuchtet, nicht durch die Anstrengung, die das danach Streben erforderte, sondern durch das plötzliche Loslassen der Anstrengung. Erst als er sein Streben und Machenwollen aufgab, wurde ihm die Erleuchtung zuteil, die unendliche Verbundenheit des Ganzen zu sehen. Jetzt konnte er sich dem Ganzen, der größeren Gesetzmäßigkeit des Kosmos hingeben.

Die Auswirkungen auf Körper und Seele

Ruhe, stille Sammlung und auch Offenheit für das Auftauchende beschreiben die Grundstimmung beim Meditieren. Darüber hinaus können auch andere Stimmungsschattierungen wahrgenommen werden; Unruhe, Niedergeschlagenheit, Hilflosigkeit, aber auch Leichtigkeit, Heiterkeit, Glücksgefühle können einen vorübergehenden Rauschzustand bewirken.

Auch körperliche Vorgänge werden intensiver gespürt: Der Atem wird deutlicher, der Herzschlag intensiver erfahren, Empfindungen, die ein Prickeln, Vibrieren oder Strömen beinhalten, werden häufig wahrgenommen. Einzelne Körperbereiche können als besonders warm empfunden werden. Der ganze Körper kann von einem Gefühl der Schwere oder auch der Leichtigkeit bis hin zum Gefühl des Schwebens und Fliegens erfüllt sein. Hitzegefühle können von Kälteschauern abgelöst werden, Energieströme können entlang der Wirbelsäule auf- und abströmen. Auch ein Gefühl des Verschmelzens als eine Art der Einswerdung kann empfunden werden oder das Gefühl, sich aufzulösen oder sich auszubreiten, kann entstehen.

> **Praxis-Tip:**
>
> Wenn wir aus unserem Alltag wirklich herauskommen wollen, um die andere Seite in uns zu erfahren, dann sollten wir uns darum bemühen, die meditative Haltung freizumachen von Plänen, Programmen oder anderen zu erzielenden Inhalten. Meditation in der rechten Haltung läßt uns zu einem friedvolleren, gesunden Menschen werden und ist demnach auch ein gutes Heilmittel bei zuviel und belastendem Streß.

Eine heilende Wirkung läßt sich bei den sogenannten Zivilisationskrankheiten bestätigen, z. B. bei Schlafstörungen, Schwierigkeiten des Verdauungstraktes oder Sexualproblemen. Auch Krebs oder schwere rheumatische Leiden werden durch regelmäßiges Meditieren positiv beeinflußt, da die Selbstheilungskräfte aktiviert werden.

Oftmals bleiben medizinische Bemühungen oder die traditionelle Psychotherapie, aber auch manche moderne Körpertherapie wirkungslos, wenn sie dem Patienten nicht die Möglichkeit eröffnen, sich der inneren Seite seines Seins durch Meditation zuzuwenden. Die meditative Seelenhaltung, die durchdrungen wird vom Wissen und Wirken des inneren Wesenskernes hat schon manche Spontanheilung zustandegebracht bzw. andere Heilweisen positiv unterstützt.

Die innere Haltung der Achtsamkeit

Jede Therapie bemüht sich darum, die körperlichen und psychischen Bedingungen herzustellen, daß der Mensch einen Sinn in seinem Tun sieht, daß er sich bewähren und mit anderen zusammenleben und das von ihm Verlangte auch bewältigen kann.

Solch günstige Bedingungen sind jedoch nicht immer herzustellen, und so geht die Meditation darüber hinaus: Sie betont die Eigenverantwortlichkeit des Menschen, sich immer wieder selbst ins rechte Lot „in die Mitte" zu bringen. Indem wir lernen, in der Meditation stets von neuem achtsam in den inneren Wesenskern zurückzukehren, um Sicherheit und Geborgenheit zu erfahren, wird uns in Krisenzeiten das Getrenntsein nicht ganz so schwer fallen. Krisen bieten uns die Chance und die Meditation die Möglichkeit, uns von dem Selbst mit seinem zweckgebundenen Denken zu trennen, von jenem Wesen, das unruhig und nach Befriedigung suchend von einer Aktivität zur anderen treibt, das nicht verweilen, genießen oder dankbar sein kann. Jenes Selbst, das vom Glauben der Getrenntheit beseelt ist und glaubt, sich alles erkaufen zu müssen, auch die Liebe.

Wenn wir meditieren, verbinden wir uns auf unsichtbare Weise mit den Mitmenschen und allem Lebendigen um uns herum, auch mit scheinbar Unbelebtem. Wir sitzen mit leeren Händen und innerer Achtsamkeit und begreifen plötzlich, daß die Welt ein Ganzes ist und daß wir mit ihr in unseren Gedanken, in unseren Gefühlen, mit jedem Tun unauflöslich verbunden sind und so mitverantwortlich sind an der weiteren Gestaltung dieses Planeten. Wird uns diese Einsicht zuteil, werden wir heil. Im Vertrauen auf die gestaltende Ordnung in uns können wir dann ihr unaufhörliches Bemühen um die „Integration unserer kleinen Ganzheit in die große Ganzheit" erkennen.

Hinweise zur Meditationspraxis

Wir können die Meditation als ein erlernbares Verfahren sehen, das es uns ermöglicht, uns in eine höhere Wachheit zu versetzen. Dies braucht nun keineswegs mit asketischen Haltungen einherzugehen, sondern braucht nur die Bereitschaft, zunächst im All-

tagsleben die Zeit zu erübrigen, eine meditative Haltung einzu-
nehmen. Leider gestatten wir uns selten Zeiten, in denen wir
nichts tun, aber wach und aufmerksam sind.

Unserem zweckorientierten Denken fällt das Stillsitzen schwer, ist
ihm vielleicht sogar suspekt. Jedoch hängt der Erfolg der Meditation vom Engagement ab, mit dem der einzelne bereit ist, Zeit zu
finden, sein ganzes Leben, sein Wertsystem und seine Lebensfüh-
rung von der Meditation durchdringen zu lassen, und von der Bereitschaft, Angelerntes zugunsten einer neuen Ordnung fallen zu
lassen und vor allem davon, sich auf das Abenteuer einzulassen,
sich selbst zu begegnen.

Praxis-Tip:

Wichtig ist die Einstellung: „Jetzt habe ich Zeit."

Wie lange soll meditiert werden?

Grundsätzlich: Wenige Minuten sind besser als keine. Wenn es
sich einrichten läßt, ist der frühe Morgen für das tägliche Üben
am günstigsten, sonst jederzeit.

Praxis-Tip:

Meditation am Morgen: Bereits am Abend durch rechtzeitiges
Schlafengehen diese Zeit einplanen, sonst ist man morgens
zu müde.

Wie schon erwähnt, ist die Frage der Zeit fast immer eine Frage
der Motivation. Kein Anfänger würde glauben, daß er später viel
Zeit für die Meditation hat. Er wird sie haben, weil er durch die
Meditation seinen Arbeitsalltag wesentlich besser und schneller

bewältigen kann. Ist der Sinn für die Meditation gefunden, kommt jeder Übende von selbst darauf, daß er jeden Morgen und jeden Abend seine Meditation braucht. Der so entstehende Rhythmus wirkt sich dann sowohl auf die Qualität des Schlafes wie auf die Lebensqualität aus.

Kann Meditation gefährlich sein?

Diese Frage könnte berechtigt sein, da heute so vieles „Meditation" genannt wird.

Wie in der Jugendbewegung der 60er Jahre – der allzu leichtfertige Haschischgenuß brachte nicht immer die Bewußtseinserweiterung, sondern führte eher zu Verantwortungslosigkeit – können auch heute Meditationsinteressierte in die Hände von geschäftstüchtigen Gurus (Lehrern) fallen und nach diversen ver-rückten Spielen in der Psychiatrie landen. Es ist auf jeden Fall anzuraten, sich gründlich zu informieren und bei wachsendem Unbehagen den Kreis, in dem gelehrt wird, zu verlassen.

Praxis-Tip für den Lehrenden:

Wichtig ist die Absprache mit dem behandelnden Arzt, falls geistige Erkrankungen vorliegen sollten. Um bessere Hilfestellung zu leisten, sollte sich jeder Lehrende über den Gesundheitszustand der an der Meditation teilnehmenden Personen informieren.

Kurzprogramm:
Muskelrelaxation – Konzentrationsübung
und Selbstbeobachtung – Meditation

In meiner langjährigen Erfahrung hat sich gezeigt, daß die Meditationsphase fast bei allen Menschen günstiger verläuft, wenn sie durch körperliche Entspannung bewußt verbreitet wird. Auch dieses Programm beginnt deshalb mit einer Entspannungsübung, der Muskelrelaxation, danach folgt die Konzentrationsübung „Selbstbeobachtung". Sie ist die Voraussetzung und Schwelle zur „Licht-Meditation" (frei nach Paracelsus).

Vorbereitung

Wir nehmen eine bequeme, doch möglichst aufrechte Sitzhaltung ein (günstig ist ein Stuhl mit hoher Lehne). Die Füße stehen bequem nebeneinander. Die Hände legen wir locker mit den Handflächen nach oben zeigend in den Schoß. – Lassen Sie sich nun Zeit für das Erspüren Ihres Körperzustandes. – Nehmen Sie nun, ohne sich zu korrigieren, Ihre Haltung wahr. Wie Sie sitzen, ob sie sich einseitig fühlen, verspannt oder locker fühlen? Welche Körperempfindungen haben Sie? Ist Ihnen kalt oder warm? Fühlen Sie sich unruhig, müde oder frisch? Lassen Sie Ihre Empfindungen zu, nehmen Sie sich Zeit, sie wahrzunehmen. – Nachdem Ihnen der Zustand Ihres Körpers nun etwas bewußter geworden ist, beginnen wir mit der Muskelentspannungsübung, die den ganzen Körper auf einmal umfaßt.

Muskelrelaxation

Übung 1

Wie wir die Übung ausführen: Sitzend

Die Fußspitzen vom Boden hochziehen, die Fersen bleiben am Boden. Ruhig und gleichmäßig trotz der Anspannung weiteratmen. Die Zehen nach vorne einkrallen. Den Bauch einziehen, den Rücken fest gegen die Lehne drücken (falls vorhanden).

Was wir dabei beachten:

- Die Spannungsphase nicht lösen und bewußt wahrnehmen.

- Jetzt die Arme fest anspannen – Fäuste ballen und auch das Gesicht anspannen, z. B. Augen aufreißen oder fest zudrücken.

Wichtig:

- Ruhig und gleichmäßig atmen – und den Spannungszustand wahrnehmen.

- Entspannen Sie sich nun und lassen mit erleichtertem mehrmaligem Ausatmen alle Spannungen abfließen, bis Sie das Gefühl haben: „Nun bin ich locker und ich fühle mich entspannt."

- Wir verweilen bei dem Gedanken: „Ruhe breitet sich aus."

Konzentrationsübung – Selbstbeobachtung

Als erstes versuchen wir nun, Ruhe körperlich wahrzunehmen. Wenn andere Wahrnehmungen, Gedanken oder Gefühle auftauchen (was immer wieder besonders am Anfang geschehen wird), kehren wir wieder geduldig zu dem Körperteil zurück, in den wir uns bewußt und aufmerksam einfühlen und erspüren erneut die Ruhe in diesem Bereich.

- Wir beginnen bei den Füßen und Beinen und erspüren, ob die Muskulatur sich entspannt hat und wirklich ruhig ist. Wenn noch Spannungsgefühle spürbar sind, warten wir einfach ab, bis sich Ruhe einstellt. Die innere Einstellung auf Ruhe genügt, so daß Ruhe werden kann – und Ruhe breitet sich aus. Also nicht Ruhe wollen, Willensanstrengungen hindern eher diese Wirkung.

- Wir erspüren nun, ob die Atembewegung ruhig ist. Ohne in den Rhythmus einzugreifen, erforschen wir ganz ohne Wollen die Ruhe im Bauch in der Atembewegung und im elastischen Nachgeben der Bauchdecke. Warten Sie geduldig, ob alle Bewegungen in Ruhe bewegt werden und Sie sich in Ihrem Bauch wohl und ganz ruhig fühlen. Durch die ruhige Bewegung des Atems kann uns die Ruhe um so bewußter werden.

- Nun erspüren wir auf dieselbe Weise unseren Rücken von unten nach oben, warten ab, bis die Ruhe spürbar wird, und wir uns ganz ruhig fühlen.

- Anschließend leben wir uns in die Schulter- und Nackenmuskulatur ein. Wenn keine Willensimpulse da sind, stellt sich Ruhe ein.

- Ruhe kann nur werden, wenn alles Wollen losgelassen wird. – Spüren Sie aufmerksam nach, ob auch in den Armen und Händen Ruhe entstanden ist – ob sie ganz ruhig sind.

- Wie fühlt sich der Kopf an? Hat Ruhe sich ausgebreitet oder ist sie noch im Werden?

- Lassen Sie sich Zeit und erspüren Sie den Raum hinter Ihrer Stirn, hinter Ihren Augen, und warten nun geduldig ab, bis

Ruhe entstanden ist und fühlbar geworden ist. – Nun wird die Ruhe auch in Ihrem Mund, hinter Ihrer Zunge und in Ihrem Hals spürbar sein.

■ Wir erspüren nun den Brustraum und warten geduldig, bis die Ruhe spürbar wird. Nun werden wieder Bewegungen wahrgenommen – die Atembewegung – ist sie noch ruhiger geworden? Wird der Herzschlag bewußt? Spüren wir nach, ob auch er ruhig ist. Wenn wir nichts bewerten, d.h. über Empfindungen beginnen nachzudenken, ohne jede Vorstellung und ohne Wollen bleiben, wird die Ruhe immer mehr zunehmen und schließlich auch den ganzen Brustraum mit Ruhe durchstrahlen. Ruhe ist spürbar.

■ Wir erspüren nun den Körper als Ganzes. Können wir Ruhe spüren? Ruhe wahrnehmen? Hat sich der Zustand der Ruhe vertieft – oder spüren wir noch immer ein Bedürfnis nach Bewegung? Gibt es noch Unruhen? Wir lassen alles zu, ohne einzugreifen oder zu werten. So nur kann tiefe Ruhe werden, die nun den ganzen Organismus durchströmt.

■ Nun überlassen wir den Körper sich selbst und spüren nach, ob in unseren Gefühlen Ruhe ist oder ob noch etwas hineindrängt. Ist dies der Fall, lassen wir mit jedem Ausatmen etwas von diesen Gefühlen los. – Wir suchen nun wieder das Gefühl – Ruhe – in uns und lassen der Ruhe unsere ungeteilte Aufmerksamkeit zukommen. Wieder warten wir ab, bis wir ganz ruhig sind und Ruhe empfinden, sie wird sich ganz von allein noch mehr vertiefen.

■ Und unser Denken, wie ruhig ist unser Geist? Jeden anderen Gedanken ersetzen wir nun mit Ruhe, ohne ein Wollen damit zu verbinden. Wir bleiben auf Ruhe eingestellt und warten auch hier ab, bis sich alle Gedanken beruhigt haben – und unser Bewußtsein ganz von Ruhe besetzt ist. Nun auch das Denken loslassen. Je länger wir diesen Zustand hellwach aufrechterhalten können, um so tiefer wird die Ruhe.

- Zuletzt erspüren wir Ruhe als ganzer Mensch! Gleichzeitig versuchen wir nun, Ruhe zu spüren: körperlich zu fühlen, zu empfinden und ganz bewußt zu erleben.

Gelingt es uns möglichst frei von allen Anstrengungen, von jedem Wollen oder Vorstellungen, Ruhe ganz von selbst entstehen zu lassen, entsteht ein wirkliches Erleben von Ruhe, welche auch das Noch-Denken-müssen immer mehr ablöst. Unsere Konzentration geht nun in Meditation über, in das bewußte Schauen und Erleben der Ruhe.

Licht-Meditation-Übung

Wir bleiben in der Ruhe-Haltung und öffnen uns nun für Empfindungen aus noch feineren Lebensbereichen. So wie wir uns anfangs auf Ruhe eingestellt haben, so stellen wir uns nun auch auf dieses Empfangen ein. Wieder ohne ein Wollen damit zu verbinden, öffnen wir uns nun für das Einströmen dieser feinen geistig-seelischen Energien.

- Sehr aufmerksam öffnen wir uns in unserem Herzen. Wir warten geduldig, bis sich ein Gefühl einstellt, geöffnet zu sein, wie eine Blüte, die sich der Sonne darbringt. Auftauchende Gedanken, Gefühle, die uns ablenken wollen, lassen wir unbeachtet wieder davonziehen. Wir bleiben aufmerksam, ohne Willensanstrengung einfach nur geöffnet.

- Nun lenken wir unser Bewußtsein in den Stirnraum und warten wieder ab – ruhig – geduldig – voller Achtsamkeit – und lassen auch hier das Gefühl entstehen, geöffnet zu sein.

- Wie von selbst kann nun das Bedürfnis entstehen, sich noch weiter nach oben zu öffnen.

■ Ohne Vorstellungen zu entwickeln, geben Sie diesem Wunsch in sich nach und öffnen sich nun im Bereich Ihres Scheitels für das Einströmen der feinen, hohen Lichtenergie. – Bleiben Sie sehr achtsam und nehmen Sie Ihre Empfindungen wahr.

■ Geben Sie sich keinen Vorstellungen hin. – Bleiben Sie einfach nur geöffnet. Geben Sie der Licht-Energie Raum und Platz in Ihrem Körper, damit sie Sie durchströmen kann.

■ Von Ihrem Herzen aus kann sich nun die Lichtenergie durch Ihren Körper verströmen.

■ Stellen Sie sich nun darauf ein, daß Sie in der Einatmung weit geöffnet bleiben und daß die Energie an Intensität zunimmt, und darauf, daß während der Ausatmung, vom Herzen ausgehend, die Energie durch den Körper strömt. Bleiben Sie weiterhin sehr aufmerksam und geben Sie der Sie durchströmenden Energie die Möglichkeit, nun durch Ihre Haut auch nach außen strömen zu können. Also: Nicht nur nach innen geöffnet bleiben, sondern auch nach außen geöffnet sein. Lassen Sie die Lichtenergie durch Ihre geöffneten Poren auch in Ihren äußeren Lebensraum einstrahlen. Bleiben Sie dabei ganz ruhig – ohne Wollen – nur sich selbst zuschauen.

■ Erlauben Sie nun der Lichtenergie, durch Sie in Ihre Umgebung einzustrahlen.

■ Nun auch in die Umwelt strömen lassen. – Lassen Sie sich Zeit! – Bleiben Sie nun noch eine Weile ruhig, achtsam und offen – gleichzeitig nach innen und nach außen geöffnet – im Einatmen das Empfangen – im Ausatmen das Abgeben. – Das Geheimnis des Lebens erfahren Sie in sich.

■ Beenden Sie die Meditation behutsam und mit einem Dank nach innen, von wo aus alles Leben ermöglicht wird.

Meditation hilft uns, eine höhere Wachheit zu entfalten und uns in unserer eigenen Wahrheit zu verankern. Wer über längere Zeit meditiert, entdeckt seine Liebesfähigkeit gegenüber allem, was ist, und kann natürlich auch alles annehmen, auch den Tod.

Nach dem Training: Machen Sie sich Ihre Gedanken!

- Was hat mir dieses Training persönlich gebracht?
- Was werde ich für mich verwenden?
- Worauf werde ich künftig besser achten?

Nachgedanken

Meditationstechniken selbst sind nicht Meditation, sie sind Vehikel, Brücken, Hilfestellungen, um in einen spezifischen Bewußtseinszustand von innerer Stille und gedanklicher Leere zu kommen. Aus diesem Grunde sollten verschiedene Methoden kennengelernt werden, um herauszufinden, welcher Weg für uns selbst der richtige Zugang ist.

Viele Menschen, die sich im Alltag mit ganz praktischen und konkret begreifbaren Dingen beschäftigen, stehen besonders der Meditation häufig skeptisch gegenüber. Meditation – oder auch andere, für sie ähnliche Methoden – sind für sie eher fremd und manchmal auch mit „Scharlatanerie" oder gar „Spinnerei" verbunden … es ist „Einbildung", was nicht gesehen oder gehört werden kann. Selbst wenn bereits wissenschaftliche Untersuchungen diese Methoden inzwischen als seriös bezeichnen, fällt diesen Menschen der Zugang zur Meditation nicht leichter.

Viele finden deshalb in Methoden der Körpererfahrung und des Entspannungstrainings, die das körperliche Spüren und Fühlen wieder näherbringen, den Ausgangspunkt für weitere Schritte zur Selbsterfahrung.

Wichtig ist die Art und Weise, in der solche Methoden durchgeführt werden. Der Erfolgsdruck, der sich auch gerne in diese Methoden einschleicht, läßt sich nur verhindern, wenn wir uns eine „Erlaubnis" geben. Wir sollten uns beispielsweise erlauben, daß wir verspannt sind, daß auch Verspannungen zu uns gehören, ja ein Teil von uns sind und daß es nicht darum geht, sie sofort zu mindern oder aufzugeben, sondern sie einfach nur zu spüren, ohne daß sich etwas ändern muß.

Am Anfang kann alles so bleiben, wie es ist. Es geht nur darum, wahrzunehmen und etwas zu registrieren. Änderungen und Entwicklungen kommen dann von ganz alleine. „Ich muß nichts tun." Diese Botschaft kann große Erleichterung bringen. Nehmen Sie den Druck weg, das Einlassen auf sich selbst wird dann erheblich leichter. Sie geben Vertrauen in die nicht bewußten Prozesse unserer Entwicklung.

Dieses Entstehen-lassen macht die Verbindung zur Meditation deutlich. Ich kann Situationen, mich selbst oder andere Menschen, sich entwickeln lassen, einfach wahrnehmen, ihnen Raum geben und Vertrauen haben. Ich muß nicht alles im Griff oder unter Kontrolle haben. Ich muß auch nicht alles in „richtig" oder „falsch" einteilen.

Ich kann das Gute im Schlechten oder das Schlechte im Guten betrachten.

Ich spüre mich als Mensch, ich bleibe lebendig in meinen Gefühlen und Empfindungen.

Ich lerne meine hellen und dunklen Seiten kennen und zu akzeptieren, erkenne, daß Gegensätze wie aktiv und passiv, hart und weich jeweils beide in mir vereint sind, daß sie zu mir gehören und mich zu einem Ganzen machen.

Meditation

Einem Außenstehenden mag das alles fremd, unverständlich, wenig begreifbar erscheinen. Doch bereits das sich Einlassen-können auf eine dieser weiterführenden Methoden der Körpererfahrung kann zur Entwicklung, „ein ganzer Mensch" zu sein, beitragen. Der inaktive Geist, der in der Meditation ruht, gibt uns Zuflucht und ein Heim zum Ausruhen und ein schönes Gefühl, daß nichts getan werden muß, daß wir gut sind, so wie wir sind und genau so gedacht waren. Stets ist das Ganze da, wir müssen es nur sehen lernen.

Literaturhinweise

Bühler, Karl E./Wolz-Gottwald, E.: Therapie und Spiritualität, Gladenbach

Carrington, Patricia: Das große Buch der Meditation, München

Gottwald, Franz Th./Howald, Wolfgang: Selbsthilfe durch Meditation, München

Johnston, William: Klang der Stille, Mainz

Khema, Ayya: Meditation ohne Geheimnis, Berlin

RamDass: Reise des Erwachens. Handbuch zur Meditation, München

Rozman, Deborah: Mit Kindern meditieren, Frankfurt

Spachtholz, Barbara: Meditationspraxis für jedermann (Tonkass.), München

Spachtholz, Barbara: Meditationspraxis für Kinder (Tonkass.), München

Qi Gong

11

Gesunde Morgengymnastik und Selbsttherapie

Qi Gong gilt in China nicht nur als gesunde Morgengymnastik, sondern ist vor allem eine Selbsttherapie. Im Qi Gong wird immer ein Zusammenwirken von Geist, Bewußtheit, Atem, Chi und Körper angestrebt.

Nach der Kulturrevolution brach in China ein wahrer Qi Gong Boom aus, nachdem dieser Bereich, wie alles andere, was als feudalistisch und meditativ galt, vorher nicht mehr erlaubt gewesen war.

Millionen von Chinesen, und inzwischen werden es auch immer mehr Europäer, üben Qi Gong oder Tai Chi Chuan, weil sie sich damit gesund fühlen, weil besonders Qi Gong-Übungen ihre Krankheiten nachweislich lindern, Körperbeschwerden verringern, psychische Probleme sich leichter lösen lassen, die Übungen zu Therapie werden.

Kultureller Hintergrund

Vor ca. 5000 Jahren fanden die Chinesen bei der Erforschung des Lebens und der Existenz heraus, daß alles in ständigem Wandel und Bewegung ist. Zwei grundlegende Tendenzen konnten Wandel und Bewegung steuern, ausgleichen und aufrechterhalten: Yin und Yang.

Wir finden diese Gegensätzlichkeiten, die sich ebenso auch ergänzen in allen Erscheinungen der Natur: Nacht – Tag, Sommer – Winter, Berg – Tal, hell – dunkel, stark – schwach usw. sowie in Gefühlen: Freude – Trauer, und in Stimmungen: aggressiv – freundlich, oder in Situationen: unsicher – sicher.

Da sich alles ständig bewegt, verändert sich ständig auch der Einfluß der beiden Grundtendenzen Yin und Yang.

„Das Universum stellt das Zusammenspiel dieser zwei Aktivitäten – Yang und Yin – und deren Wechselwirkungen dar." (Denis und Joyce Lawson-Wood)

Auch der chinesische Kaiser Fu Hsi (vor ca. 5000 Jahren) beschreibt die Bedeutung von Yang und Yin in „einem Gesetz" (Tai Chi). Es besagt, daß das ständige Wechselspiel zwischen zwei Polen dem Wesen aller Lebenserscheinungen entspricht.

In seiner ursprünglichen Bedeutung ist unter Yang „der in der Sonne flatternde Yakschweif (Wimpel)" zu verstehen, unter Yin „die Wolke". Wir können darunter die sonnige und die schattige Seite des Berges verstehen, oder wo es ein Oben gibt, gibt es ein Unten; wo etwas lebt, muß etwas sterben; Töne sind nur hörbar auf dem Hintergrund der Stille; Gesundheit wird bewußt durch den Zustand von Krankheit.

Yang entspricht der Tendenz, „etwas zu werden", Yin der Tendenz „zum Nicht zurückzukehren". Beide Kräfte existieren gleichzeitig, sie entsprechen einander, sind gegensätzlich und trotzdem eins.

Die Entwicklung der Qi Gong-Übungen

Die alten Chinesen forschten nach den Mechanismen, Ordnungen und Prinzipien, die das Leben regulierten. Sie begannen, Übungen zu entwickeln, die eine natürliche Regulation, die Ent- und Versorgung unterstützen, wie es die Qi Gong-Übungen in den Büchern von Lao Tse und Tschuang Tse, den Begründern der taoistischen Philosophie. Aus unserer Sicht war das Leben im alten China bestimmt nicht besser. Aber es war über Jahrtausende

bewußt getragen von dem Streben, im Einklang mit den natürlichen Gegebenheiten und Veränderungen zu leben, im Einklang
mit der Schöpfung und der Natur zu leben und zu handeln.

Qi-Energie als beweglicher Baustein der Natur

Ähnlich wie in der biologischen Natur Bäche und Flüsse die Erde
mit Wasser durchziehen, so gibt es auch im Körper des Menschen
ein System, dessen harmonisches Gleichgewicht in großem Maße
das gesamte Leben eines Menschen beeinflußt: Das Meridian-
system, auf dessen Bahnen die Qi-Energie fließt. Qi bezeichnet
die Kraft, die alles durchdringt, gestaltet und beeinflußt; für den
Chinesen die erfahrbare Kraft, ohne die Leben nicht sein kann.
Sie ist der notwendige Energielieferant für alle Auf- und Abbau-
vorgänge des lebendigen Organismus. Ohne Qi gibt es im Sinne
der chinesischen Medizin keinen Stoffwechsel und keine Körper-
ausscheidungen. Die Urbedeutung ist „aufsteigender Dampf",
aber auch als „bewegender Geist" oder Lebensatem, Nahrung,
Vitalität und Kraft wird die Grundenergie bezeichnet.

Ohne Qi ist Leben unmöglich

Bei Qi-Mangel ist Krankheitsanfälligkeit zu erwarten und bei
andauernder Unausgewogenheit von Qi kann ein krankhafter
Prozeß entstehen.

Qi Gong-Übungen können wir als Qi ausgleichende Bewegungs-,
Atmungs- und Aufmerksamkeitsübungen verstehen. In diesen
drei Aspekten liegt die ganze Bandbreite der Qi Gong-Übungen.
Es geht vorrangig darum, die Grundkräfte des Menschen zu
stärken, das Qi zu harmonisieren, zu sammeln oder es gezielt zu
therapeutischen Zwecken zu leiten.

Wenn man sich bewegt und den Atem dazu frei fließen läßt, kann das mit der Nahrung aufgenommene Qi verbraucht werden, können die Säfte ungehindert zirkulieren und Krankheiten können verhindert werden. – Ein Zitat von Jiao Guorui (1988) weist auf den dritten Aspekt hin, den der inneren Aufmerksamkeit: „Nur wer seinen Blick umkehrt, kann die inneren Wege untersuchen."

Auf den feineren Lebensebenen können wir die Erkenntnis gewinnen, daß sich geistig-psychische Phänomene in körperlichen Veränderungen auswirken; d.h. nach der Quantenphysik, daß sich die Dinge so darstellen, wie wir sie beeinflussen.

Es kommt auf den Betrachterstandpunkt an

Jeder Einfluß – seien es Gedanken, Farben, Gerüche, Körperbewegungen – alles beeinflußt und verändert unsere Gedanken, Worte, Gefühle, unsere Befindlichkeit, Geschwindigkeit und unser Handeln.

Aus-dem-Gleichgewicht-kommen und Zur-Ruhe-kommen sind abhängig vom Betrachterstandpunkt. Dementsprechend geht es in den traditionellen chinesischen Energie-Lehren hauptsächlich darum, mit Ungleichgewichten umzugehen – um den Ausgleich von Mangel oder den Überfluß von Qi in bestimmten Bereichen und um die Veränderung einer Grundstimmung im individuellen Bereich des Menschen.

So liegt die Stärke dieser Lehren vor allem in der Gesundheitsförderung und -bildung und in ihren Möglichkeiten, Krankheiten vorzubeugen.

Ziele in der Gesundheitsbildung

Das ganzheitliche Denken, das diesen Lehren zugrunde liegt, setzt immer voraus, daß die Natur als lebendiger Organismus erfahren und begriffen wird und selbstregulierende Tendenzen dieses Ordnungsgefüge aufrechterhalten wollen. Die Methode, Übungen und Lebenswege, die aufgrund dieses Denkens entwickelt wurden, können, um das natürliche Gleichgewicht zu unterstützen, sowohl vorbeugend als auch reparierend eingesetzt werden.

- Vorbeugend: Tao Yin (jetzt Qi Gong-Übung genannt), Tai Chi Chuan oder taoistische Meditationsübungen

- Reparierend: Qi Gong, Tai Chi Chuan, Akupressur, Akupunktur, Moxa-Energiebehandlungen oder andere Körpermassagen

Im Qi Gong haben sich im Laufe seiner jahrtausend alten Entwicklung verschiedene Richtungen herauskristallisiert, wovon natürlich einige bekannter sind als andere. Auch ohne sich in den philosophischen Hintergrund näher zu vertiefen, haben Erfahrungen gezeigt, daß durch regelmäßiges Üben von Qi Gong günstige gesundheitliche Auswirkungen zu erwarten sind.

Die Auswirkungen

- Verbesserung des Körperkonzepts, d. h. des Bilds, das man vom eigenen Körper hat.

- Gesundheitsbildender Einfluß auf Körperorgane, Muskeln, Gelenke, Wirbelsäule, Verdauung, Herz und Blutdruck

- Verbesserung des Selbstkonzepts, d. h. des Bilds, was wir von uns selbst haben

- Wachstum der psychischen Stabilität insgesamt
- Mehr Selbstakzeptanz und Selbstvertrauen
- Fähigkeit zum Körperkontakt
- Verbesserung der Kontakt- und Umgangsfähigkeit allgemein
- Bessere Problem- und Streßbewältigung

Als begleitende Therapie haben Qi Gong-Übungen günstige Auswirkungen bei chronischen Erkrankungen, z. B. Herz-Kreislauf-, Gelenkerkrankungen, neurologische Krankheiten, Krebs sowie bei Krankheiten des Verdauungsbereichs und der Atemwege, nach Schlaganfällen oder Operationen. Darüber hinaus aktivieren sie die Selbstheilungskräfte.

Hinweise zur Übungspraxis

Im Qi Gong geht es um eine optimale Körperspannungsregulation (vgl. „Eutonie"), die mit der Zeit zu einem veränderten, positiveren Umgang mit sich selbst und anderen führt. Qi Gong ist vor allem eine Selbsttherapie. Sie unterteilt sich in folgende Grundrichtungen:

Donggong

Hier handelt es sich um Übungen, die in der Bewegung im Stand oder in der Fortbewegung ausgeführt werden. Alle Bewegungen werden weich und langsam vollzogen, während die Vorstellung das Qi durch den Körper in Leitbahnen lenkt. Atem und Bewegung unterstützen diesen Energiefluß.

Jinggong

Hier handelt es sich mehr um die innere Aufmerksamkeit. Die Übungen werden meist ohne oder nur mit geringer Körperbewegung ausgeführt. Entspannung und Ruhe sind zunächst das Ziel. In vorgeschriebenen bewährten Mustern wird die Qi-Energie im Körper bewegt mittels der Vorstellungskraft und des Atems.

Zifagong

Diese Übungen sind erst in letzter Zeit populär geworden. Es handelt sich um „unwillkürliche Bewegungen" nach dem Erlernen von festgelegten Übungen, z. B. des „Fliegenden Kranichs" oder der „Fünf Tiere und Übungen in Ruhe" (nach dem Arzt Hua Tuo, 200 n. Chr.).

Die innere starke Bewegtheit des Qi kann dazu führen, daß es ohne bewußtes Zutun zur Lösung von emotionalen Blockaden – in Form von unkontrollierten Bewegungen bis hin zum Schreien – kommt. Es wird immer wieder darüber diskutiert, ob solche Techniken für psychisch labile Personen geeignet sind. Wie bei allen Methoden der Körpererfahrung ist auch hier oft die Qualifikation und das Können der Lehrer von entscheidender Bedeutung für den Schüler.

Sicherlich lassen sich die äußeren Abläufe und Übungen leicht erlernen und bringen bereits wohltuende Auswirkungen. Wer jedoch bereit ist, auch geistig und bewußtseinsmäßig in die Übungen einzusteigen, sich nun regelmäßig innen und außen zu pflegen, wird bald dazu beitragen können, mit seinen natürlichen Anlagen und Fähigkeiten das dynamische Gleichgewicht, die Gesundheit, zu erhalten.

Folgende Hinweise gelten für alle Qi Gong-Übungen

- Entspannen Sie Ihre Muskulatur so gut Sie es zunächst vermögen.

- Lassen Sie alle Gedanken los, die nicht zu Ihrem jetzigen Thema gehören.

- Führen Sie alle Übungen in Ruhe durch, nehmen Sie sich genügend Zeit dafür.

- Richten Sie Ihre gesammelte Aufmerksamkeit auf die Übung; Qi folgt der Aufmerksamkeit, Qi zerstreut sich ohne Sammlung, Qi verknotet sich bei krampfhafter Ausführung.

- Üben Sie deshalb so natürlich wie möglich. Erzwingen Sie nichts.

- Ruhe und Bewegung bedingen einander: Yin und Yang. Suchen Sie die Ruhe in der Bewegung.

- Festigkeit und Kraft finden Sie unter dem Bauchnabel. Über ihm ist Leichtigkeit und Beweglichkeit.

- Nicht die technisch perfekte Methode steht im Vordergrund, sondern Ihre Selbstwahrnehmung, mit der Sie üben.

- Regelmäßiges Wiederholen macht das ausgleichende Prinzip der Übungen erst deutlich.

Hinweis: Ein kleiner Überblick über Aus- und Weiterbildungen kann gegen Zusendung eines frankierten Rückumschlages bei der Deutschen Qi Gong-Gesellschaft e.V., Schumannstr. 12b, 67227 Frankenthal, angefordert werden.

Kurzprogramm: Qi Gong

Es handelt sich um eine harmonisierende Übungsreihe, welche die Grundelemente der Bewegung und der Atmung deutlich werden läßt. Wir beenden sie mit der „inneren nährenden Übung" aus der taoistischen Tradition.

Übung 1: Den Atem spüren

- Wir stellen uns aufrecht und locker hin, mit leicht eingebeugten Knien.

- Nehmen nun mit den Füßen den Kontakt zum Boden auf.

- Wir legen die Hände sanft auf den Bauch.

- Konzentrieren Sie sich auf die Atembewegungen in der Bauchdecke, und fühlen Sie sich mit Ihren Händen ganz in diese Bewegung ein.

Übung 2: Die Welle spüren

- Die Arme leicht anheben.

- Wir folgen der Einatmung mit den Händen und winkeln die Hände dabei sanft nach oben an.

- Wir folgen der Ausatmung mit den Händen und lassen sie ganz sanft sinken und wiederholen die Bewegung nun zwölfmal.

Übung 3: Der große Kreis

- Die Hände an den Fingerkuppen geöffnet leicht aneinanderlegen (wie eine Schale).

- Die Arme von unten vor dem Körper hoch bis vor das Gesicht führen.

- Die Hände mit den Handflächen nach außen drehen.

- Nun einen großen Kreisbogen zeichnen – zuerst nach oben, dann weg vom Körper nach vorne und unten. Wir wiederholen die Bewegung nun zwölfmal.

- Achten Sie auf die begleitende sanfte Atmung und auf die leichten Kniebewegungen.

Übung 4: Den Bogen spannen

- Den rechten Fuß einen Schritt zurückstellen.

- Das Gewicht auf das hintere Bein verlagern.

- Während des Einatmens strecken wir nun den linken Arm mit erhobener Hand weit nach vorne aus.

- Der rechte Arm ist angewinkelt, die erhobene Hand befindet sich dabei in Schulterhöhe.

- Ausatmend wieder zur Mitte zurückkommen und nun die Schrittstellung und die Seiten wechseln und die Bewegung nun zwölfmal wiederholen.

Qi Gong

Übung 5: Den Ball tasten

Wir stellen uns nun einen großen Ball vor, den wir ringsherum abtasten. Wir halten dabei die Arme weich und locker:

– in der Höhe (wie auf dem Bild)

– in der Breite (Arme ausbreiten)

Den Atem dazu frei fließen lassen; zwölfmal wiederholen.

Übung 6: Der Kranich breitet die Flügel aus

- Eine Schrittstellung einnehmen und das Gewicht auf das vordere Bein verlagern. Dazu heben wir die Arme locker bis zur Schulterhöhe an.

- Nun das Gewicht auf das hintere Bein verlagern und die Arme bis zur Hüfte absenken. Während der Wiederholung zwölfmal im Rhythmus des Flügelschlagens atmen.

186

Übung 7: Die Wand streichen

- Wir beginnen mit einer Hand und nehmen dann die andere.

- Im sanften ruhigen Wechsel die Arme auf- und abbewegen. Den Atem dazu frei fließen lassen und wieder auf die Mitbewegung der Knie achten. Wir wiederholen die Bewegung nun zwölfmal.

Darauf kommt es an:

- Langsam und konzentriert bewegen.

- Entspannen Sie Ihre Muskulatur so gut Sie können.

- Vor allem die Handgelenke entspannt halten.

- Die Knie leicht im Auf und Ab mitbewegen.

- Den Atem nicht führen. Er ist die sanfte Begleitung.

- Den Kopf nie hängen lassen.

- Stellen Sie sich vor, Sie sind eine Marionette, die am Faden hängt.

Praxis-Tip:

- Morgens ausgeführt, werden diese Übungen Sie frisch und munter werden lassen.

- Abends entspannen sie und sorgen für den genügenden Abstand zur Arbeit.

Schulen Sie Ihre Aufmerksamkeit: Schauen Sie nach innen!

Die innere nährende Übung

- Setzen Sie sich mit aufrechter Wirbelsäule hin. Lehnen Sie sich ruhig an, wenn Sie dabei aufrecht bleiben können.

- Schließen Sie Ihre Augen und entspannen Sie sich nun in Ihrem Körper.

- Atmen Sie fein – ruhig – und gleichmäßig. Sie brauchen Ihren Atem nicht zu führen. Lassen Sie ihm nur Zeit, in Ruhe zu kommen und wieder zu gehen.

- Lenken Sie Ihre Aufmerksamkeit in den Unterbauch und stellen Sie sich dort eine Kugel vor, die sich langsam mit einer Substanz Ihrer Wahl füllt, z. B. helles Licht, klares Wasser, flüssiges Gold. Stellen Sie sich nun vor, daß die Kugel im Beckenboden zur Ruhe kommt.

Nach dem Training: Machen Sie sich ihre Gedanken!

- Was hat mir dieses Training persönlich gebracht?

- Was werde ich für mich verwenden?

- Worauf werde ich künftig besser achten?

Literaturhinweise

Bollnow, Otto Friedrich: Vom Geist des Übens, Oberwil bei Zug

Guorni, Jioa: Qigong, Yangsheng, Gesundheitsfördernde Übungen der traditionellen chinesischen Medizin, Uelzen

Lawson-Wood, Dennis u. Joyce: Die Praxis des Qigong, Hongkong

Schillings, Astrid/Hinterthür, Petra: Qigong – Der fliegende Kranich, Aitrang

Zöller, Josephine: Das Tao der Selbstheilung, Bern/München/Wien

Steigern Sie Ihre Lebensqualität

In der Erforschung von Krankheiten und ihrer Behandlung wird das Zusammenspiel von Körper, Seele, Geist sowie das soziale Umfeld und kulturelle Erbe mit ihren Wechselbeziehungen untereinander immer mehr zu berücksichtigen sein.

Nur durch diese Erkenntnis wird es möglich sein, neue, wirkungsvolle Behandlungsmethoden für die Krankheiten unserer Zeit und für vorbeugende Maßnahmen in der Gesundheitsförderung zu entwickeln. Es wird wichtig sein anzuerkennen, daß der Mensch nur als Ganzes gesund oder krank sein kann, d. h., daß Krankheit ein symbolischer Ausdruck für das gestörte Ordnungsgefüge im Innern ist.

Sinnvolle Gesundheitsförderung bedeutet, daß jeder Mensch mehr Eigenverantwortlichkeit übernehmen muß, und Entscheidungen für eine gesundheitsbewußte Lebensweise und deren Umsetzung im persönlichen Alltag zu treffen sind. Das bedeutet, daß Aktivitäten zur Selbsthilfe, die Aufklärung der körperlich-seelischen Zusammenhänge, Möglichkeiten zur öffentlichen Teilnahme an Gesundheitsprogrammen in zunehmendem Maße gefördert werden müssen. Dabei gilt es, auch die persönlichen Kompetenzen und Fähigkeiten zu stärken sowie Arbeits- und Lebensbedingungen zu schaffen, die der Gesundheit zuträglicher sind. Wege in der Gesundheitsförderung, die den Menschen als Ganzes, als psycho-biologische Einheit betrachten und entsprechende Behandlungsstrategien entwickeln, sind deshalb zukunftsweisend. Entspannungstraining und Methoden der Körpererfahrung zeigen diese Wege auf, und sollten deshalb ihren festen Platz im Leben eines zukunftsorientierten Menschen haben.

In diesem Sinn möchte ich dieses Buch verstanden wissen, als Handbuch für Lehrende und als persönlichen Ratgeber für den streßgeplagten Menschen unserer Zeit.

Barbara Spachtholz

Schnell nachschlagen

Barbara Spachtholz ist selbständige Therapeutin; sie lebt und arbeitet in Bad Griesbach/Rottal.

Aufgrund ihrer langjährigen Erfahrung in der Beratung und Behandlung an psychosomatischen sowie an funktionellen und vegetativen Störungen Leidender und ihres fundierten Praxiswissens in der Anwendung und Kombination östlicher und westlicher Heilmethoden erzielt sie häufig unerwartete Erfolge.

Darüber hinaus arbeitet Barbara Spachtholz in der Erwachsenenbildung im Bereich körperorientierter Methoden wie Yoga, Autogenes Training, Mentales Training, Atem- und Entspannungstraining, Meditation usw. Für den Landessportbund arbeitet sie als freie Dozentin im Bereich des Herzsports.

Renommierte Seminarveranstalter und internationale Firmen engagieren sie regelmäßig für Intensiv-Workshops im Bereich Streß- und Konfliktmanagement; auf einzigartige Weise verknüpft sie sporttherapeutische und psychologische Aspekte. Die praktische Hilfe zur Selbsthilfe steht bei ihr stets im Vordergrund. Zahlreiche Veröffentlichungen – Bücher, Tonkassetten, Videos; Autorin bundesweit ausgestrahlter Gymnastik- und Gesundheitsprogramme.